THE
COMPLETE
FRENCH
EXPRESSIONS
& IDIOMS
COURSE

DYLANE MOREAU

Preface

The Complete French Expressions & Idioms Course will help you understand French more naturally. This book focuses on expressions & idioms from the most common verbs such as avoir, être, faire, etc. As well as everyday topics such as love, eating and drinking, money, work, and more. Each chapter focuses on a specific verb or a specific topic. Each chapter is broken down with exercises to make it easier for you to follow and digest.

This book is written for French learners of all levels and has been inspired by French learners. It's the fifth book of the series after **The Complete French Pronunciation Course**, **The Complete French Conjugation Course**, **The Complete French Grammar Course** and **The Complete French Vocabulary Course**. Each book focuses on a specific part of the language, its rules, and exceptions. If you are starting French in school, learning by yourself as an adult, or want to brush up on your French, this is the perfect tool. This book and the others are ideal for self-study or as additional practice.

Videos and audios

In this book, you will learn more than **1000 expressions & Idioms explained in 26 chapters, around 60 exercises, and 26 video lessons** if you need a "teacher approach." All the idioms, expressions, examples, and exercises have been recorded so you can work on your listening comprehension in your free time.
The video lessons can be found at www.theperfectfrench.com/french-idioms-expressions-course
To access the recordings, go to www.theperfectfrench.com/french-idioms-expressions-course-audios
The Complete French Expressions & Idioms Course will guide you and help you understand real everyday French.

A note from the author

Like the other books in this series, this book has been shaped by all my amazing students worldwide. All the difficulties I see you encounter daily inspired me. I hope to help you answer all your questions and reach an advanced level in no time!

Thanks again to all my wonderful students,

Dylane Moreau

Table of Content

How to use this book

This book covers more than **1000 expressions & Idioms explained in 26 chapters, around 60 exercises, and 26 video lessons**. Feel free to follow the book as it is laid out or jump from one chapter to another.

Video lessons and Audio

- Each chapter is covered in a video lesson, you can find all the video lessons here: www.theperfectfrench.com/french-idioms-expressions-course

- Everything in this book; expressions, examples, and exercises, has been recorded and is available for you to download here: www.theperfectfrench.com/french-idioms-expressions-course-audios

Exercises

Each chapter is made out of a few sections and exercises. An exercise follows each unit for you to practice. The last exercise of the chapter is a recap of the whole chapter.

If we look at the first chapter, here is the layout:

Chapter 1 - Avoir
Expressions - Part 1
Exercise 1.1
Expressions - Part 2
Exercise 1.2
Expressions - Part 3
Exercise 1.3
Recap - Exercise 1.4

The audio follows the same pattern. Find them in the book under these indications: AUDIO 1.1. 🔊

The Complete French Courses Series

This is the fifth book of **The Complete French Courses Series**. The series includes:
- The Complete French Pronunciation Course
- The Complete French Conjugation Course
- The Complete French Grammar Course
- The Complete French Vocabulary Course
- The Complete French Expressions & Idioms Course

Each course looks at a specific subject covering all the rules, exceptions, and everything you need to know to learn French.
You can use this book after the others, or you can integrate expressions & idioms slowly as you learn.
Most importantly, have fun and enjoy!

CHAPTER 1
AVOIR - To have

AUDIO 1.1. 🔊

Avoir __ ans

Literally: To have ___ years old

Meaning: To be ___ years old

— Mes enfants ont dix et quinze ans. My children are ten and fifteen years old.

Avoir à son actif

Literally: To have at one's active

Meaning: To have one's credit

— Il a plusieurs projets à son actif depuis le début de sa carrière. He has had several projects to his credit since the beginning of his career.

Avoir beau + infinitive

Literally: To have pretty

Meaning: Despite doing

— Elle a beau essayer de comprendre le manuel, rien ne fonctionne. She may try to understand the manual, but nothing works.

Avoir besoin de

Literally: To have need of

Meaning: To need

— On a besoin de temps pour prendre une décision. We need time to make a decision.

Avoir chaud

Literally: To have hot

Meaning: To be hot

— Est-ce que tu as chaud ? Je peux allumer la clim si tu veux. Are you hot? I can turn on the air conditioning if you want.

Avoir confiance

Literally: To have trust

Meaning: To trust

— Je n'ai pas confiance en lui. Il est toujours en train de faire des histoires. I don't trust him. He's always making a fuss.

Avoir de la bouteille (familiar)

Literally: To have some bottle

Meaning: To have been around for a while

— Il a de la bouteille, il peut t'apprendre beaucoup de choses. He has been around for a while, he can teach you many things.

Avoir de la chance

Literally: To have some luck

Meaning: To be lucky

— Qu'est-ce que tu as de la chance de vivre dans cette ville ! Aren't you lucky to live in this town!

Avoir du bol - Avoir du pot (familiar)

Literally: To have some "bowl - pot"

Meaning: To be lucky

— Tu as du pot d'avoir gagné le gros lot ! Tu as du bol d'avoir gagné le gros lot ! Aren't you lucky to have won the jackpot!

Avoir du charme

Meaning: To have charm

— Je trouve qu'il a beaucoup de charme. I think he has charm.

Avoir du coffre

Literally: To have some trunk

Meaning: To have a powerful voice

— Cette chanteuse a du coffre. Elle pourrait casser quelques verres facilement. This singer is strong. She could break a few glasses easily.

Avoir du mal à

Literally: To have some pain to

Meaning: To have a hard time - To struggle to

— Elle a du mal à parler anglais malgré toutes les heures qu'elle passe à étudier. She struggles to speak English despite all the hours she spends studying.

Avoir du plomb dans l'aile

Literally: To have lead in the wing

Meaning: To be no good

— Il ne fait rien de ses journées, il a vraiment du plomb dans l'aile. He does nothing all day, he's no good.

Avoir envie de

Literally: To have a desire to

Meaning: To want - To feel like

— Qu'est-ce que vous avez envie de faire aujourd'hui ? What do you want to do today?

Avoir eu chaud

Literally: To have had heat

Meaning: To have narrowly escaped something bad - To be lucky

— Cet homme s'est fait renverser par une voiture. Il n'a eu aucune blessure. Il a vraiment eu chaud ! This man was hit by a car. He had no injuries. He got lucky!

Avoir faim

Literally: To have hunger

Meaning: To be hungry

— Est-ce que ça t'ennuie si on mange maintenant ? On a tous faim. Do you mind if we eat now? We are all hungry.

Avoir froid

Literally: To have cold

Meaning: To be cold

— Ma grand-mère a toujours froid. Elle porte toujours des pulls épais. My grandmother is always cold. She always wears thick sweaters.

Avoir hâte de + inf.

Meaning: I can't wait to + inf.

— On a hâte d'atterrir. On a eu des turbulences pendant tout le vol. We can't wait to land. We had turbulence throughout the whole flight.

EX. 1.1 *Choisissez un élément dans chaque colonne et formez une phrase :*

AUDIO 1.2. 🔊

Cette chanteuse a une voix incroyable,	à son actif.
C'est difficile d'être productif	d'avoir gagné à la loterie.
Tu ne trouves pas	elle a du coffre.
Il a du pot	quand on a du plomb dans l'aile.
Cet auteur a plus de 20 livres	qu'il a du charme ?

_____

_____

_____

_____

AUDIO 1.3. 🔊

Avoir honte de

Literally: To have shame of

Meaning: To be ashamed of

— Il a honte de ses résultats. Il ne pense pas qu'il va réussir son année. He is ashamed of his results. He doesn't think he's going to pass his year.

Avoir horreur de

Literally: To have horror of

Meaning: To hate

— J'ai horreur de la couleur jaune. I hate the colour yellow.

Avoir l'air fin

Literally: To look thin

Meaning: To look like a fool

— Il avait l'air fin quand il a compris qu'il avait tort ! He looked like a fool when he realized he was wrong!

Avoir l'heure

Meaning: To have the time

— Est-ce que vous avez l'heure ? Do you have the time?

Avoir l'impression que

Literally: To have under the impression that

Meaning: To be under the impression that

— Le policier a l'impression que le suspect ne lui dit pas tout. The policeman is under the impression that the suspect isn't telling him everything.

Avoir l'intention de

Meaning: To have the intention to - To plan to

— Cet auteur a l'intention d'écrire trois livres par an. This author intends to write three books per year.

Avoir l'air

Meaning: To seem - To look

— Tu as l'air fatiguée. Tu veux te reposer avant de partir ? You look tired. Do you want to rest before leaving?

Avoir l'habitude de

Literally: To have the habit of

Meaning: To be in the habit of - To use to

— Il avait l'habitude de venir au travail en voiture mais il prend le bus depuis que sa voiture est en panne. He used to drive to work but has been taking the bus since his car broke down.

Avoir la conscience tranquille - Avoir l'esprit tranquille

Meaning: To have a clear conscience - To have piece of mind

— Au moins tu peux avoir la conscience tranquille, tu as essayé tout ce que tu pouvais.

— Au moins tu peux avoir l'esprit tranquille, tu as essayé tout ce que tu pouvais. At least you can have peace of mind; you tried everything possible.

Avoir la trouille (familiar)

Meaning: To be scared - To get cold feet

— Beaucoup de gens ont la trouille des films d'horreur. Many people are scared of horror movies.

Avoir le sang chaud

Literally: To have hot blood

Meaning: To be hot-blooded

— Il s'énerve rapidement. Il a le sang chaud. He gets angry quickly. He is hot-blooded.

Avoir le trac

Meaning: To have stage fright

— La chanteuse a avoué avoir le trac avant chaque concert. The singer admitted to having stage fright before each concert.

Avoir les boules (familiar)

Literally: To have balls

Meaning: To be pissed off - To be upset

— J'ai perdu le bonnet que ma grand-mère m'a acheté pour Noël. J'ai les boules. I lost the hat my grandmother bought me for Christmas. I'm pissed.

Avoir les jetons (familiar)

Literally: To have the chips

Meaning: To be scared - To be terrified

— Il a les jetons de tomber du skateboard. He is terrified of falling off the skateboard.

Avoir lieu

Literally: To have place

Meaning: To happen - To take place

— Ce concert aura lieu au stade le mois prochain. This concert will take place at the stadium next month.

Avoir mal

Literally: To have pain

Meaning: To be in pain

— Est-ce que tu as mal ? Are you in pain?

Avoir mauvaise conscience

Literally: To have a bad conscience

Meaning: To feel guilty

— Il a mauvaise conscience depuis qu'il a quitté son travail sans rien dire à sa fiancée. He feels guilty since he left his job without telling his fiancée.

EX. 1.2 *Choisissez une des expressions ci-dessous et ajoutez-la à la bonne phrase :*

AUDIO 1.4. 🔊

as l'intention de – a lieu – a le trac – ai l'habitude – a honte de – ai mauvaise conscience – a la trouille – avez l'heure – as mal – ai horreur de

1. Elle _____ avant de monter sur scène.

2. Est-ce que vous _____ ?

3. Dis-moi, où est-ce que tu _____ ?

4. On _____ là où on vit.

5. Ma sœur _____ du noir.

6. J'_____ car j'aurais pu l'aider plus.

7. Est-ce que tu _____ finir tes frites ?

8. J'_____ de partir à 7 heures. Il est déjà trop tard.

9. Ce concert _____ tous les premiers dimanches du mois.

10. J'_____ des gens qui parlent sur le dos des autres.

Avoir peur (de)

Literally: To have fear of

Meaning: To be afraid (of)

—— Est-ce que vous avez peur de l'avion ? Are you afraid of flying?

Avoir quartier libre

Literally: To have free quarter

Meaning: To be off duty - To have free time

—— Les enfants ont quartier libre jusqu'à 16 heures. The kids have free time until 4 p.m.

Avoir quelqu'un dans sa poche

Literally: To have someone in one's pocket

Meaning: To have someone in the palm of one's hand

—— Il a son patron dans la poche depuis qu'il a signé ce gros contrat. He's had his boss in the palm of his hand since he signed that big contract.

Avoir quelque chose sur la conscience

Literally: To have something on the conscience

Meaning: To feel guilty of something

—— Si tu as quelque chose sur la conscience c'est de ta faute, pas de la mienne. If you feel guilty about something, it's your fault, not mine.

Avoir raison

Literally: To have reason

Meaning: To be right

—— Je pense que tu as raison sur ce point. I think you are right on this point.

Avoir soif

Literally: To have thirst

Meaning: To be thirsty

—— Tu n'as pratiquement rien bu aujourd'hui. Tu n'as pas soif ? You haven't had much to drink today. Aren't you thirsty?

Avoir sommeil

Literally: To have sleep

Meaning: To be sleepy - To be tired

—— J'ai sommeil car on est rentrés à 4 heures du matin. La nuit a été courte. I'm sleepy because we got home at 4 in the morning. The night was short.

Avoir tort

Literally: To have wrong

Meaning: To be wrong

—— Le professeur a tort de ne pas rendre les copies aux élèves. The teacher is wrong not to return the copies to the students.

Avoir un accent à couper au couteau

Literally: To have an accent to cut with a knife

Meaning: To have a thick accent

— On a du mal à le comprendre. Il a un accent à couper au couteau. It is difficult to understand him. He has a thick accent.

Avoir un fou rire

Literally: To have a crazy laugh

Meaning: To laugh - To have the giggles

— Le présentateur a un fou rire et n'arrive pas à s'arrêter. The presenter has the giggles and can't stop.

Avoir un mal de chien à faire quelque chose

Literally: To have a dog pain to do something

Meaning: To have a hard time doing something

— Le mécanicien a un mal de chien à enlever les pneus de la voiture. The mechanic has a hard time removing the tires from the car.

Avoir un trou (de mémoire)

Literally: To have a hole in the memory

Meaning: Can't remember something - To have forgotten something

— Le nom de ce village ne me revient pas. J'ai un trou de mémoire. The name of this village does not come back to me. I can't remember it.

Avoir une idée de génie

Meaning: To have a great idea - To have a genius idea

— Nous étions bloqués au niveau 2, puis Max a eu une idée de génie qui nous a permis de passer au niveau 3. We were stuck at level 2, then Max had a genius idea that got us to level 3.

Avoir une prise de bec avec quelqu'un

Literally: To have a beak's take with someone

Meaning: To fight with someone - To have a spat

— Ils ont eu une prise de bec il y a plusieurs années et ne se parlent plus depuis. They had a spat several years ago and haven't spoken to each other since.

En avoir marre - En avoir assez
En avoir ras-le-bol - En avoir sa claque (familiar)

Meaning: To be fed up with - To have enough of

— Mes parents en ont assez de mon petit frère. Il est difficile à gérer. My parents are fed up with my little brother. He is challenging to manage.

Il n'y a pas photo

Literally: There is no photo

Meaning: It's obvious - There is no comparison

— Entre une semaine à la montagne et une semaine au travail, il n'y a pas photo, je préfère une semaine à la montagne. Between a week in the mountains and a week at work, there is no comparison, I prefer a week in the mountains.

Il y a de l'eau dans le gaz

Literally: There is water in the gas
Meaning: There is trouble in the brewing

— Je pense qu'ils vont bientôt divorcer. Il y a de l'eau dans le gaz. I think they will soon divorce. There is trouble in the brewing.

Il y a quelque chose qui cloche

Literally: There is something that "bells"
Meaning: Something is wrong

— Il y a quelque chose qui cloche dans ce plan de maison mais l'ingénieur ne trouve pas quoi. There's something wrong with this floorplan, but the engineer can't find what.

N'avoir qu'à

Meaning: To only have to do something

— Tu n'as qu'à partir si tu n'es pas content. You should leave if you're unhappy.

Ne pas avoir inventé la poudre - le fil à couper le beurre

Literally: To not have invented gunpowder - the wire to cut the butter
Meaning: To not be very smart - To not be a rocket scientist - To not be the smartest

— Mon voisin est vraiment très bête. Ma mère dit souvent qu'il n'a pas inventé le fil à couper le beurre. My neighbour is very dumb. My mother often says that he definitely isn't a rocket scientist.

EX. 1.3 *Choisissez l'expression qui convient le mieux à la phrase :*
AUDIO 1.6. 🔊

1. Je n'arrive pas à trouver la réponse, j' _____.
   ai un trou de mémoire - ai un mal de chien

2. Tu penses que tu _____ mais je ne pense pas que ça va fonctionner.
   as tort - as une idée de génie

3. Ma mère _____ qu'il m'arrive quelque chose.
   a peur - a quelque chose sur la conscience

4. Il est temps que ça change, on _____.
   en a ras-le-bol - a quelqu'un dans sa poche

5. Est-ce qu'on peut rentrer à la maison ? Il est tard et j'_____.
   ai soif - ai sommeil

EX. 1.4 *Récap - Répondez aux questions personnellement :*

AUDIO 1.7. 🔊)

1. J'ai _____ ans.

2. J'ai de la chance de _____

3. J'ai envie de _____

4. J'ai horreur de

5. J'ai la trouille de _____

6. J'en ai assez de _____

7. J'ai l'habitude de _____

Avoir = To be ?

AUDIO 1.8. 🔊)

Several English expressions use *To be* while using *To have* - **Avoir** in French, here are the ones listed above. Make sure to memorize them as they are used often.

Avoir __ ans
Meaning: To be ___ years old

Avoir chaud
Meaning: To be hot

Avoir de la chance
Meaning: To be lucky

Avoir faim
Meaning: To be hungry

Avoir froid
Meaning: To be cold

Avoir mal
Meaning: To be in pain

Avoir peur (de)
Meaning: To be afraid (of)

Avoir raison
Meaning: To be right

Avoir soif
Meaning: To be thirsty

Avoir sommeil
Meaning: To be sleepy

Avoir tort
Meaning: To be wrong

Notes :

CHAPTER 2
ÊTRE - To be

Ça m'est égal

Literally: It's equal to me

Meaning: I do not care

- Tu sais que ton équipe de foot favorite a perdu ? You know your favourite soccer team lost?

- Ça m'est égal ! I do not care!

C'est

Meaning: It is - This is

— C'est beau ! It's beautiful!

C'est (du) n'importe quoi

Meaning: It's nonsense

— C'est du n'importe quoi cette émission de télé. This TV show is nonsense.

C'est dans la poche

Literally: It's in the pocket

Meaning: It's in the bag

— Il suffit que tu réussisses ce test et c'est dans la poche. You just have to pass this test, and it's in the bag.

C'est la meilleure ça !

Literally: That's the best one!

Meaning: That's fantastic (sarcasm)

- Maman, l'airbag de la voiture fonctionne. Je le sais parce que je suis rentré dans un arbre. Mom, the airbag in the car is working. I know this because I ran into a tree.

- C'est la meilleure ça ! Well isn't that fantastic!

C'est la vie

Meaning: That's life

— C'est la vie, on ne peut pas faire grand-chose pour changer les choses. That's life, we can't do much to change things.

C'est parti

Literally: It's left

Meaning: Let's go - Here we are

— C'est parti pour une nouvelle tempête ! Here we are for a new storm!

C'est pas gagné (familiar)

Literally: It's not won

Meaning: It's not easy

— C'est pas gagné entre vous deux ! It's not easy between you two!

C'est pas vrai ! (familiar)

Literally: That's not true!

Meaning: I can't believe it!

- Tu sais que Christine est enceinte, à 45 ans ?! You know that Christine is pregnant, at 45?!
- C'est pas vrai ! I can't believe it!

C'est-à-dire

Literally: It is to say

Meaning: I mean - That is to say - Meaning

— Sonia part plus tôt aujourd'hui. C'est-à-dire qu'elle ne peut pas faire la fermeture. Sonia is leaving early today. That is to say, she cannot close.

Ce n'est pas grave

Meaning: It's no big deal - It's okay

— Ce n'est pas grave si tu es en retard. On t'attendra. It's okay if you're late. We'll wait for you.

Ce n'est pas la mer à boire

Literally: It's not the sea to drink

Meaning: It's not difficult

— Il faut juste obtenir quelques papiers. Ce n'est pas la mer à boire. You just need to get some papers. It's not complicated.

Ce n'est pas terrible

Literally: It's not terrible

Meaning: It's not great

— Tu as goûté la sauce ? Oui, mais ce n'est pas terrible. Did you taste the sauce? Yes, but it's not great.

Être à côté de la plaque (familiar)

Literally: To be next to the plate

Meaning: To be off the mark - To be beside the point

— Il a eu zéro à son examen. Il était complètement à côté de la plaque. He got zero on his exam. He was entirely off the mark.

Être à court de

Meaning: To be short of - To be running out of

— Les magasins sont à court de papier toilette parce que les gens en achètent de trop. Stores are running out of toilet paper because people are buying too much.

Être à cran

Meaning: To be in a bad mood - To be wound up - To be on edge

— Pourquoi est-ce que tu es à cran comme ça ? Why are you on edge like that?

Être à l'aise dans ses baskets

Literally: To feel good in one's sneakers

Meaning: To feel comfortable in your own skin

— On voit bien qu'il est à l'aise dans ses baskets. We can see that he feels comfortable in his own skin.

Être à l'ouest

Literally: To be at the West

Meaning: To be spaced out - To be out of it

—— Elle à l'air d'être à l'ouest, elle doit avoir des soucis. She seems to be out of it, she must have problems.

Être à quelqu'un

Literally: To be at someone

Meaning: To belong to someone

—— Est-ce que ce portefeuille est à vous ? Is this wallet yours?

Être au courant

Meaning: To know - To be informed

—— Tu es au courant de la dernière nouvelle ? Have you been informed of the latest news?

EX. 2.1 *Choisissez un élément dans chaque colonne et formez une phrase :*

AUDIO 2.2. 🔊

On est à court	de passer son permis de conduire.
Tu es au courant	c'est dans la poche !
Il a eu le contrat,	de sucre.
Ce n'est pas la mer à boire	que tu ne sois pas d'accord.
Ça m'est égal	que les horaires ont changé ?

_____

_____

_____

_____

_____

AUDIO 2.3. 🔊

Être au creux de la vague

Literally: To be at the bottom of the wave

Meaning: To be in a bad place

—— Tu es juste au creux de la vague, tu vas t'en remettre j'en suis sûr. You're just in a bad place, you'll get over it, I'm sure.

Être au taquet (familiar)

Literally: To be at a piece of wood

Meaning: To give it all - To be on point

—— Tu es au taquet à ce que je vois ! You're on point, I see!

Être aux anges

Literally: To be with the angels

Meaning: To be delighted - To be over the moon

— Elle était aux anges quand elle a ouvert son cadeau. She was over the moon when she opened her gift.

Être bien bâti(e)

Meaning: To be well built - To be in shape

— Tu as vu cet homme ? Il est bien bâti ! Have you seen this man? He is in shape!

Être bien dans sa peau

Literally: To be good in one's skin

Meaning: To be comfortable in your own skin - To feel good about yourself

— C'est important d'être bien dans sa peau, peu importe son poids. It's essential to feel good about yourself, regardless of your weight.

Être bien portant

Literally: To be well wearing

Meaning: To be well - To be in good health

— Tu es bien portant, tu es en meilleure santé que la dernière fois qu'on s'est vus. You're well, you're healthier than the last time we saw each other.

Être bien rentré(e)

Literally: To be well back home

Meaning: To have made it home safely

— Est-ce que vous êtes bien rentrés ? Did you get home safely?

Être bon prince

Literally: To be good prince

Meaning: To be generous

— C'est trop gentil de ta part, tu es vraiment bon prince ! That's too kind of you, you're so generous!

Être bon(ne) pour

Meaning: To be good for

— Ce canapé est bon pour la poubelle je crois. This sofa is good for the trash, I think.

Être bouche bée - Être sans voix

Literally: To be open mouth - To be voiceless

Meaning: To be flabbergasted - To be left speechless

— Elle est restée bouche bée quand elle a appris qu'il avait vendu sa voiture. She was left speechless when she learned that he had sold his car.

Être canon (familiar)

Literally: To be canon

Meaning: To be hot

— Elle est vraiment belle cette fille. Elle est canon ! She is really beautiful this girl. She is hot!

Être chiche (familiar)

Meaning: To be willing to do something

— Tu serais chiche d'ouvrir un restaurant ensemble ? Would you willing to open a restaurant together?

Être coincé(e) (familiar)

Literally: To be stuck

Meaning: To be stuck up

— Il n'a jamais eu de petite amie. Il est un peu coincé. He never had a girlfriend. He's a bit stuck up.

Être d'accord

Meaning: To agree

— Le client est d'accord pour repousser la livraison. The customer agrees to postpone the delivery.

Être dans de beaux draps

Literally: To be in beautiful sheets

Meaning: To get oneself in trouble

— Il s'est mis dans de beaux draps depuis qu'il a commencé à boire. He's gotten himself into trouble since he started drinking.

Être dans la galère (familiar)

Literally: To be in the galley

Meaning: To be in trouble

— Je suis dans la galère, je n'ai pas d'argent pour finir le mois. I'm in trouble, I have no money to finish the month.

Être dans la lune

Literally: To be in the moon

Meaning: To be daydreaming

— Ce n'est pas qu'elle ne t'écoute pas, elle est toujours dans la lune, c'est tout. It's not that she doesn't listen to you, she's always daydreaming, that's all.

Être dans la mouise - la panade - la purée (familiar)

Literally: To be in the moss - the sauce - the mashed potatoes

Meaning: To be in a tricky situation

— Si tu es dans la mouise il faut que tu le dises, sinon on ne peut pas t'aider. If you're in a tricky situation, you have to say so, otherwise, we can't help you.

Être dans le collimateur de quelqu'un

Literally: To be in someone's collimator

Meaning: To be in someone's sights

— Le fleuriste est dans le collimateur de la police. Ils le soupçonnent de blanchir de l'argent. The florist is in the police's sights. They suspect him of laundering money.

Être dans le doute

Meaning: To be in doubt - To doubt something

— Vérifie l'orthographe dans le dictionnaire si tu es dans le doute. Check the spelling in the dictionary if you are in doubt.

EX. 2.2 *Trouvez les synonymes parmi les expressions ci-dessus :*

AUDIO 2.4. ◀))

1. Il est heureux - _____

2. Il est dans ses pensées - _____

3. Il ne sait pas quoi dire - _____

4. Il vient d'arriver à la maison - _____

5. Il a confiance en lui - _____

AUDIO 2.5. ◀))

Être dans le pétrin (familiar)

Meaning: To be in a sticky situation - To be in trouble - To be in a mess

— Il est dans le pétrin depuis que le taux d'intérêt a augmenté. He's been in trouble since the interest rate went up.

Être dans les nuages

Literally: To be in the clouds

Meaning: To be daydreaming

— Tu m'écoutes ou tu es dans les nuages ? Are you listening to me, or are you daydreaming?

Être dans les petits papiers de quelqu'un

Literally: To be in someone's little papers

Meaning: To get help from that person

— Le maire est dans les petits papiers du ministre de l'Intérieur. The mayor got help from the Minister of the Interior.

Être de

Meaning: To be from

— Mon mari est de Luxembourg mais il a grandi en France. My husband is from Luxembourg, but he grew up in France.

Être de bonne humeur

Meaning: To be in a good mood

— Ça fait plaisir de voir que tu es de bonne humeur. Glad to see you're in a good mood.

Être de mauvaise humeur

Meaning: To be in a bad mood

— Peut-être que si vous travailleriez moins, vous ne seriez pas constamment de mauvaise humeur. Maybe if you worked less, you wouldn't be in a bad mood all the time.

Être de mauvais poil (familiar)

Literally: To be in a bad hair

Meaning: To be in a bad mood

— Il n'a pas dit un mot aujourd'hui. Il est de mauvais poil. He didn't say a word today. He is in a bad mood.

Être de passage

Meaning: To be passing by

— Ce chanteur est de passage dans la région. This singer is passing through the region.

Être de retour

Literally: To be from return

Meaning: To be back

— Est-ce que vous êtes déjà de retour ? Are you back already?

Être débordé(e)

Meaning: To be overwhelmed

— Elle est toujours débordée car elle s'occupe de ses quatre enfants et de ses deux neveux. She is always overwhelmed because she takes care of her four children and two nephews.

Être en avance

Literally: To be in advance

Meaning: To be early

— On a rendez-vous avec le vétérinaire à 17h30, on est un peu en avance. We have an appointment with the vet at 5:30 p.m., we are a little early.

Être en colère

Meaning: To be angry

— Pourquoi est-ce que tu es en colère ? Être en colère ne changera rien. Why are you angry? Being angry won't change anything.

Être en forme

Meaning: To be in shape - To be healthy

— Tu es en forme, ça fait plaisir à voir ! You're in good shape, it's nice to see!

Être en manque

Literally: To be missing something

Meaning: To be withdrawing

— C'est courant chez les toxicomanes d'être en manque quand ils arrêtent la drogue. It's common for addicts to withdraw when they quit drugs.

Être en panne

Meaning: To not be working - To be broken down

— La voiture est encore en panne. Elle me coûte beaucoup trop d'argent en réparation. The car is still broken down. It costs me way too much money to repair.

Être en route

Literally: To be on raod

Meaning: To be on the way

— Tu peux appeler tes parents et leur dire qu'on est en route ? Can you call your parents and tell them we're on our way?

Être en train de

Meaning: To be doing something

— On est en train de manger ton gâteau. Il est délicieux. We're eating your cake. It's delicious.

Être en vacances

Meaning: To be on vacation

— On sera en vacances du 10 au 20 juillet. We will be on vacation from July 10th to 20th.

Être frais (fraîche) et dispo (familiar)

Literally: To be fresh and available

Meaning: To be well rested

— Je passerai te prendre à 8 heures du matin. Sois frais et dispo. I'll pick you up at 8 a.m. Be well-rested.

Être habillé(e) comme un sac (familiar)

Literally: To be dressed like a bag

Meaning: To be poorly dressed

— Certaines personnes n'ont aucun goût, ils s'habillent comme un sac et ça ne les dérange pas. Some people have no taste, they dress badly, and don't mind.

EX. 2.3 *Choisissez une des expressions ci-dessous et ajoutez-la à la bonne phrase :*

AUDIO 2.6.

est en route – est de bonne humeur – suis toujours dans les nuages – sont débordés – es du sud – être en vacances – est en panne – es de mauvaise humeur – sera de retour – est en avance

1. J'ai du mal à me concentrer. Je _____.

2. Est-ce que tu _____ ou du nord de la France ?

3. Quelqu'un _____ aujourd'hui !

4. Pourquoi est-ce que tu _____? Tu as mal dormi ?

5. On _____ aux alentours de vingt heures.

6. Les vendeurs _____ pendant la période de Noël.

7. Le patient _____.

8. La voiture _____, elle ne démarre plus.

9. On _____, on arrivera dans quelques heures.

10. On a hâte d'_____. On part dans quelques semaines.

AUDIO 2.7. 🔊

Être la cinquième roue du carrosse

Literally: To be the fifth wheel of the carriage

Meaning: To be useless

— Il a toujours été la cinquième roue du carrosse. He has always been useless.

Être largué(e) (familiar)

Literally: To be dumped - To be dropped

Meaning: To feel lost

— Je suis complètement larguée en sciences, je ne comprends rien. I am wholly lost in science, I do not understand anything.

Être le cadet des soucis

Meaning: Be the least of the worries

— Tes petits problèmes de cœur sont le cadet de ses soucis, tu sais. Your little relationship problems are the least of his worries, you know.

Être loin du compte

Literally: To be far from the account

Meaning: To be far from the mark

— Malheureusement, elle était loin du compte et ne s'imaginait pas tout ce qu'elle allait découvrir. Unfortunately, she was far from the mark and did not imagine all she had to discover.

Être mal à l'aise

Meaning: To be uncomfortable

— On voit bien qu'il est mal à l'aise dans sa situation. We can see that he is uncomfortable in his situation.

Être mal en point

Literally: To be bad in point

Meaning: To be in a bad shape

— Ce chien est mal en point. Il a besoin d'une opération. This dog is in bad shape. He needs surgery.

Être mauvais(e) perdant(e)

Meaning: To be a bad loser

— Il dit que j'ai gagné parce que j'ai triché. Il est mauvais perdant. He says I won because I cheated. He is a bad loser.

Être mort de rire

Meaning: To die of laughter

— Faut que je te raconte cette blague. Je suis encore mort de rire. I have to tell you this joke. I am still dying of laughter.

Être muet(te) comme une tombe

Meaning: To be quiet as the grave

— Tu peux lui raconter ton secret. Il est muet comme une tombe. You can tell him your secret. He is as quiet as a grave.

Être né(e)

Meaning: To be born

— Ma petite-fille est née samedi dernier. My granddaughter was born last Saturday.

Être noir(e) de monde

Literally: To be black of world

Meaning: To be crowded

— La place était noire de monde. Les organisateurs disent qu'il y avait plus de 10.000 personnes. The place was crowded. Organizers say there were more than 10,000 people.

Être nul(le)

Meaning: To be bad at something

— J'ai toujours été nul en math, mais j'ai quand même réussi mes études. I have always been bad at math, but I still succeeded in my studies.

Être obligé(e) de

Meaning: To be forced to

— Il sera obligé de vendre son appartement s'il ne trouve pas un travail rapidement. He will be forced to sell his apartment if he does not find a job quickly.

Être ou ne pas être

Meaning: To be or not to be

— Être ou ne pas être, telle est la question. To be or not to be, that is the question.

Être partant(e)

Literally: To be leaving

Meaning: To be up for it

— Tu es partant pour un week-end à la mer ? Are you up for a weekend by the sea?

Être pendu(e) aux basques de quelqu'un (familiar)

Literally: To hang on someone's coattails

Meaning: To follow someone everywhere

— Mon petit frère est toujours pendu à mes basques, il ne me lâche jamais. My little brother follows me everywhere, he never let's go of me.

Être réglé(e) comme du papier à musique

Literally: To be ruled like sheet music paper

Meaning: To be tuned like clockwork - To be very organized

—— Mon chat mange tous les jours à 18 heures. Il est réglé comme du papier à musique. My cat eats every day at 6 p.m. He is tuned like clockwork.

Être sage comme une image

Literally: To be as well-behaved as an image

Meaning: To be on their best behaviour

—— J'ai deux enfants adorables. Ils sont sages comme des images. I have two adorable children. They are on their best behaviour.

Être simple comme bonjour !

Literally: To be as simple as hello!

Meaning: Easy peasy - Easy as pie

—— Ces mots-fléchés sont simples comme bonjour. These crosswords are easy as pie.

Être sous les verrous

Literally: To be under the locks

Meaning: To be locked up - To be behind bars

—— Le voleur est sous les verrous depuis ce matin. The thief has been behind bars since this morning.

EX. 2.4 *Traduisez les phrases suivantes en anglais :*

AUDIO 2.8.

1. Les élèves sont obligés de rester à l'école jusque 16 heures.

    _____

2. J'étais mort de rire quand il m'a raconté cette blague.

    _____

3. Notre fils est né en bonne santé.

    _____

4. Mes parents mangent toujours à midi. Ils sont réglés comme du papier à musique.

    _____

5. Ce puzzle est simple comme bonjour !

    _____

AUDIO 2.9.

Être sur la paille

Literally: To be on the straw

Meaning: To be broke

—— Tu peux nous le dire si tu es sur la paille. On t'aidera, on te donnera de l'argent. You can tell us if you're broke. We'll help you, we'll give you money.

Être sur le point de

Meaning: To be about to

— Le bateau est sur le point de quitter le port. The boat is about to leave the port.

Être sur ses gardes

Literally: To be on one's guards

Meaning: To be aware - To be careful around somebody

— Sois sur tes gardes avec lui, je ne lui fais pas confiance. Be careful with him, I don't trust him.

Être sur son 31

Literally: To be on your 31

Meaning: To be dressed to the nines - To look your best

— Les invités sont sur leur 31 pour le mariage. The guests are dressed to the nines for the wedding.

Être sur un petit nuage

Literally: To be on a little cloud

Meaning: To be on cloud nine

— Ils sont sur un petit nuage depuis qu'ils se sont fiancés. They've been on cloud nine since they got engaged.

Être sûr(e) et certain(e)

Literally: To be sure and certain

Meaning: To be sure

— Tu es sûr et certain de ce que tu as vu ? Are you sure of what you saw?

Être tiré(e) à quatre épingles

Literally: To be pulled by four pins

Meaning: To be dressed to the nines

— Mon grand-père est toujours tiré à quatre épingles. My grandfather is always dressed to the nines.

Être tiré(e) par les cheveux

Literally: To be pulled by the hair

Meaning: To be far-fetched

— Cette histoire est tirée par les cheveux, je ne pense pas que ce soit vrai. This story is far-fetched, I don't think it's true.

Être une poule mouillée (familiar)

Literally: To be a wet chicken

Meaning: To be a wuss - To be a chicken

— Il a peur de tout, même du tonnerre. C'est une poule mouillée. He is afraid of everything, even thunder. He's a wuss.

Il était une fois

Literally: It was once

Meaning: Once upon a time

— Il était une fois une princesse qui vivait dans un château. Once upon a time, there was a princess who lived in a castle.

Impossible n'est pas français

Literally: Impossible is not French

Meaning: Nothing is impossible

— Impossible n'est pas français. Essaye encore une fois, je suis sûre que tu vas réussir. Nothing is impossible. Try again, I'm sure you'll succeed.

Le fond de l'air est frais

Literally: The bottom of the air is fresh

Meaning: It's chilly

— Le fond de l'air était frais ce matin mais cet après-midi il fait trop chaud. It was chilly this morning, but this afternoon it is too hot.

Mieux vaut être seul(e) que mal accompagné(e)

Meaning: Better alone than in a bad company

— Tu sais ce qu'on dit : mieux vaut être seul que mal accompagné. You know what they say: better to be alone than in bad company.

N'y être pour rien

Literally: To be for nothing

Meaning: To have nothing to do with it

— Les employés n'y sont pour rien. Le patron était le seul à arnaquer ses clients. The employees have nothing to do with it. The boss was the only one scamming his customers.

Ne pas être aux pièces

Literally: To not be at pieces

Meaning: To not be in a rush

— Ne soyez pas si pressé, on n'est pas aux pièces. Don't be in such a hurry, we're not in a rush.

Ne pas être né(e) de la dernière pluie

Literally: To not be born from the last rain

Meaning: To not being born yesterday - To not be naive

— Elle ne croira pas ton excuse, elle n'est pas née de la dernière pluie. She won't believe your excuse, she wasn't born yesterday.

Ne pas être sorti(e) de l'auberge !

Literally: To not have left the hostel!

Meaning: To not be out of the woods yet!

— Ils ne sont pas sortis de l'auberge avec leur appartement. Les rénovations durent depuis le début de l'année. They aren't out of the woods with their apartment. The renovations have been going on since the beginning of the year.

Tout est bien qui finit bien

Literally: All's well that ends well

— Ils ont discuté et se sont pardonné leurs erreurs. Tout est bien qui finit bien. They talked and forgave each other for their mistakes. All's well that ends well.

Y être pour quelque chose

Literally: To be in for something
Meaning: To be responsible

— Est-ce que tu y es pour quelque chose dans leur séparation ? Are you responsible for their separation?

EX. 2.5 *Choisissez l'expression qui convient le mieux à la phrase :*
AUDIO 2.10.

1. Il a tout perdu, il _____.
   est sur son 31 - est sur la paille

2. Tous les invités _____.
   sont tirés à quatre épingles - sont sur ses gardes

3. Est-ce que vous _____ de ce que vous avez vu ?
   êtes sûrs et certains - n'y êtes pour rien

4. Il a encore 3 ans d'études avant de devenir docteur. Il _____ !
   n'est pas sorti de l'auberge - est tiré par les cheveux

5. Elles ont un alibi, elles _____.
   n'y sont pour rien - y sont pour quelque chose

EX. 2.6 *Récap - Répondez aux questions personnellement avec V (vrai) ou F (faux) :*
AUDIO 2.11.

1. _____ - Je suis souvent dans la lune.

2. _____ - Je suis bien dans ma peau.

3. _____ - Je suis dans la galère.

4. _____ - Ma voiture est en panne.

5. _____ - Je suis en forme.

6. _____ - Je suis de bonne humeur.

7. _____ - Je suis mauvais(e) perdant(e).

8. _____ - Je suis sur mon 31.

9. _____ - Je suis sur la paille.

10. _____ - Je suis sage comme une image.

CHAPTER 3
ALLER - To go

AUDIO 3.1. 🔊

Aller à la rencontre de quelqu'un

Meaning: To go meet someone

— On est allés à la rencontre de Samuel après le dîner. We went to meet Samuel after dinner.

Aller à pied

Meaning: To go on foot

— Tu prends ta voiture ? Non, j'ai envie de marcher, je vais y aller à pied. Are you taking your car? No, I feel like walking, I'll go on foot.

Aller à quelqu'un

Literally: To go to someone
Meaning: To suit someone - To look great on someone

— Ce pantalon te va très bien. On dirait qu'il est fait pour toi. These pants look great on you. It seems like they are made for you.

Aller à vélo

Meaning: To go by bike

— Quand il ne pleut pas, beaucoup de gens vont au travail à vélo. When it's not raining, many people cycle to work.

Aller au diable (familiar)

Literally: Go to the devil
Meaning: Go to hell

— Je lui ai dit d'aller au diable car il m'énervait, mais je le regrette. I told him to go to hell because he was pissing me off, but I regret it.

Aller au fond des choses

Meaning: To get to the bottom of things

— Tu devrais aller au fond des choses avec ton psychologue comme ça tu peux tourner la page. You should get to the bottom of things with your psychologist to move on.

Aller aux nouvelles

Meaning: To go see what's happening - To go get news

— Je vais aller aux nouvelles, je te tiens au courant. I'll go to see what's happening, I'll let you know.

Aller chercher

Meaning: To go get - To pick up

— On doit aller chercher les enfants avant de venir. We have to pick up the kids before we come.

Aller comme un gant

Literally: To go like a glove

Meaning: To fit like a glove

— Elle est toujours à la recherche du manteau qui lui va comme un gant. She is always looking for a coat that fits her like a glove.

Aller de l'avant

Meaning: To go forward - To project oneself - To move on

— Tu dois aller de l'avant, je sais que c'est difficile mais il ne reviendra pas. You have to move on, I know it's hard, but he's not coming back.

Aller droit au but

Literally: To go straight to the goal

Meaning: To go straight to the point

— Va droit au but et dis-moi ce que tu veux me dire. Go straight to the point and tell me what you want to say to me.

Aller droit au cœur

Meaning: To go straight to the heart

— Ces compliments me vont droit au cœur. These compliments go straight to my heart.

Aller droit dans le mur

Literally: To go straight into the wall

Meaning: To head straight to a disaster

— Quand elle a dit ça, j'ai tout de suite compris que ce procès allait droit dans le mur. When she said that, I immediately understood that this trial was heading straight to a disaster.

Aller ensemble

Literally: To go together

Meaning: To go well together

— Tu penses que ces chaussures et ce sac vont bien ensemble ? Do you think these shoes and this bag go well together?

Aller jusqu'au bout

Meaning: To stick to it through - To go all the way - To finish something

— Il ne va jamais jusqu'au bout, il arrête toujours ce qu'il commence. He never goes all the way, he always stops what he starts.

Aller loin

Meaning: To go far

— Je pense que tu iras loin si tu continues à étudier. I think you will go far if you keep studying.

Aller plus vite que la musique

Literally: To go faster than the music

Meaning: To go too fast

— Ralentis, ça ne sert à rien d'aller plus vite que la musique. Slow down, there's no point in going too fast.

Aller se faire foutre - Aller se faire voir (familiar)

Meaning: To go screw yourself

— L'élève a dit au professeur qu'il pouvait aller se faire voir. Elle a été suspendue immédiatement. The student told the teacher he could screw himself. She was suspended immediately.

Aller sur ses ___ ans

Literally: To go on your ___ years old

Meaning: To be approaching my ___ th birthday.

— Je vais sur mes 35 ans. I am approaching my 35th birthday.

Aller trop loin

Meaning: To go too far - To go overboard

— Tu as été trop loin. Tu devrais t'excuser. You have gone too far. You should apologize.

Allez !

Meaning: Let's go - Cheerings

— Allez les bleus ! Go, French team!

Allons-y !

Meaning: Let's go - Come on

— Allons-y, on va être en retard. Come on, we're going to be late.

Ça va de soi - Ça va sans dire

Meaning: It goes without saying

— Évidemment que je veux venir à ton mariage. Ça va de soi - Ça va sans dire. Of course, I want to come to your wedding. It goes without saying.

Ne pas y aller avec le dos de la cuillère

Literally: To not go there with the back of the spoon

Meaning: To not go in for half-measures

— Cela ne sert à rien d'y aller avec le dos de la cuillère. Il faut lui dire la vérité. It's useless to go in for half-measures. You have to tell him the truth.

Ne pas y aller par quatre chemins

Literally: To not go by four paths

Meaning: To go straight to the point

— Je n'ai pas beaucoup de temps donc n'y va pas par quatre chemins. Je t'écoute. I don't have much time so go straight to the point. I'm listening to you.

S'en aller

Meaning: To go away - To leave

— Va-t'en ! Go away!

Se laisser aller

Meaning: To let yourself go

— Se laisser aller peut arriver à cause de différents problèmes, parfois même des problèmes de santé. Letting yourself go can happen because of different issues, sometimes even health issues.

Y aller mollo

Literally: To go there mollo
Meaning: To take it easy

— Vas-y mollo sur les boissons ce soir car on part tôt demain matin. Take it easy on the drinks tonight because we're leaving early tomorrow morning.

EX. 3.1 *Entourez les expressions qui se réfèrent à un mouvement :*

AUDIO 3.2. 🔊

1. Aller à la rencontre de quelqu'un
2. Aller à pied
3. Aller à vélo
4. Aller au diable
5. Aller chercher
6. Aller de l'avant

7. Aller jusqu'au bout
8. Aller sur ses ___ ans
9. Allons-y !
10. Ne pas y aller par quatre chemins
11. S'en aller
12. Se laisser aller

EX. 3.2 *Récap - Trouvez la bonne fin :*

AUDIO 3.3. 🔊

1. Ce pull et ce pantalon vont _____ .

2. Tu vas trop vite. Il ne faut pas aller plus vite que _____ .

3. Ce compliment me va droit _____ .

4. Est-ce que tout le monde est prêt ? Oui. _____ !

5. Avec ses choix, il va aller droit dans _____ .

CHAPTER 4
FAIRE - To do / To make

AUDIO 4.1. 🔊

Avoir à faire

Literally: To have to do

Meaning: To have things to do

— J'ai à faire demain mais on peut se voir lundi. I have things to do tomorrow, but we can meet on Monday.

Ça commence à bien faire

Literally: It is starting to do well

Meaning: Enough is enough

— Ça commence à bien faire ! Va dans ta chambre ! Enough is enough! Go to your room!

Ça ne fait rien

Literally: It does nothing

Meaning: It's nothing - It's not a big deal - It's okay

- J'ai raté mon train. J'aurai une heure de retard. I missed my train. I will be an hour late.

- Ça ne fait rien. It's not a big deal.

Ce n'est pas à un vieux singe qu'on apprend à faire des grimaces

Literally: You don't teach an old monkey to make faces

Meaning: To not be born yesterday

Not: You can't teach an old dog new tricks.

— Il pensait que je ne verrais pas qu'il sortait le soir mais ce n'est pas à un vieux singe qu'on apprend à faire des grimaces. He thought I wouldn't notice he was going out at night, but I wasn't born yesterday.

En faire à sa guise

Meaning: To do as one pleases

— Tu en fais toujours à ta guise sans penser aux autres. You always do as you please without thinking of others.

En faire les frais

Literally: To do the price

Meaning: To bear the costs - To pay the price

— Un jour ton comportement posera des problèmes, et tu en feras les frais. Your behaviour will cause problems one day, and you will pay the price.

Être à deux doigts de faire quelque chose

Literally: To be two fingers away from doing something

Meaning: To be on the verge of doing something - To be this close

— Quand je l'ai vu ce matin, il était à deux doigts de démissionner. When I saw him this morning, he was this close to quitting.

Faire __ mètre ___

Literally: To do ___ meter ____centimeters

Meaning: To measure - To be ____ (height)

— Je fais 1 mètre 65. I am 1 meter 65 centimetres.

Faire acte de présence

Literally: To do act of presence

Meaning: To make an appearance

— La reine a fait acte de présence au gala mais elle n'est pas restée. The Queen made an appearance at the gala, but she didn't stay.

Faire attention

Literally: To make attention

Meaning: Be careful - To pay attention

— Tu ne fais jamais attention à rien. You never pay attention to anything.

Faire avancer le schmilblick (familiar)

Literally: To advance the schmilblick

Meaning: To get things done

— Il faut faire avancer le schmilblick. Autrement, on n'aura jamais fini. We have to get things done. Otherwise, we will never be done.

Faire bon accueil

Literally: To make a good welcome

Meaning: To welcome

— N'oublie pas de faire bon accueil à tes invités. Don't forget to welcome your guests.

Faire bonne figure

Literally: To make a good face

Meaning: To put on a brave face

— Ce n'était pas facile pour la victime d'affronter son agresseur mais elle a fait bonne figure. It was not easy for the victim to confront her attacker, but she put on a brave face.

Faire boule de neige

Literally: To make a snowball

Meaning: To snowball

— Les nouvelles ont fait boule de neige. Soudainement, tout le monde était au courant. The news snowballed. Suddenly everyone knew.

Faire cadeau

Literally: To make a gift

Meaning: To give a present

— Ma grand-mère m'a fait cadeau de son alliance. My grandmother gave me her wedding ring.

Faire chanter quelqu'un

Literally: To make someone sing

Meaning: To blackmail someone

— Il trompe sa femme depuis longtemps. J'ai même entendu dire que sa maîtresse le faisait chanter. Elle veut tout révéler à sa femme. He has been cheating on his wife for a long time. I even heard that his mistress blackmailed him. She wants to reveal everything to his wife.

Faire chier quelqu'un (familiar)

Literally: To make someone poop

Meaning: To piss someone off

— Tu commences à me faire chier, laisse-moi tranquille ! You are starting to piss me off, leave me alone!

Faire confiance

Meaning: To trust

— Je te faisais confiance mais tu m'as trahi. I trusted you, but you betrayed me.

EX. 4.1 *Choisissez un élément dans chaque colonne et formez une phrase :*

AUDIO 4.2. 🔊

Fais attention,	on a à faire cet après-midi.
La nouvelle a fait boule de neige	je te fais confiance.
Tu le connais,	la marche de l'escalier est cassée.
Tu peux conduire ma voiture,	en quelques jours.
On devrait partir,	il en fait toujours à sa guise.

_____

_____

_____

_____

AUDIO 4.3. 🔊

Faire crac-crac (familiar)

Literally: To make boom-boom

Meaning: To get some action - To get into someone's pants

— Quand on vivait chez nos parents, on allait toujours faire un tour en voiture pour faire crac-crac. When we lived with our parents, we always went for a drive to get some action.

Faire d'une pierre deux coups

Literally: To make two hits with one rock

Meaning: To kill two birds with one stone

— Est-ce que tu peux t'arrêter à la banque en allant faire les courses ? Ça fera d'une pierre deux coups. Can you stop at the bank while shopping? It will kill two birds with one stone.

Faire de l'autostop

Literally: To make "car stop"

Meaning: To hitchhike

— C'est dangereux de faire de l'autostop. On ne sait jamais sur qui on va tomber. It's dangerous to hitchhike. You never know whom you're going to run into.

Faire de l'effet

Literally: To make some effect

Meaning: To make an impact - To have an effect on someone

— Ce reportage a fait de l'effet sur les élèves de ma classe. This documentary had an impact on the students in my class.

Faire de l'exercice - Faire du sport

Literally: To do exercise - To do sport

Meaning: To exercise - To workout

— Il faut faire de l'exercice 3 fois par semaine pour rester en forme. You have to exercise 3 times a week to stay fit.

Faire de son mieux

Meaning: To do one's best

— Essaye de faire de ton mieux en mathématique. Je sais que ce n'est pas ton point fort. Try to do your best in math. I know that's not your strong point.

Faire demi-tour

Literally: To make a half-turn

Meaning: To do a U-turn - To turn around

— Le conducteur a fait demi-tour après avoir pris la mauvaise sortie. The driver made a U-turn after taking the wrong exit.

Faire des histoires

Literally: To make stories

Meaning: To make a fuss - To cause trouble

— Il est venu hier soir juste pour faire des histoires. He came last night just to make a fuss.

Faire des manières

Literally: To make manners

Meaning: To be snooty

— Arrête de faire des manières ! Stop being snooty!

Faire des siennes

Meaning: To act up

— Le bébé fait des siennes pour que sa mère le porte. The baby is acting up to get his mother to carry him.

Faire des vagues

Literally: To make waves

Meaning: To make a fuss - To rock the boat

— Il a accepté car il ne veut pas faire de vagues. He accepted because he did not want to make a fuss.

Faire deux poids deux mesures

Literally: To make two weighs two measures

Meaning: Double standards

— Faire deux poids deux mesures ne peut que créer un environnement toxique au travail. Double standards can only create a toxic work environment.

Faire du ___ (shoe size & clothing size)

Literally: To do ___

Meaning: I am a ___

— Je fais du 39 en pointure de chaussures. I'm a 39 in shoe size.

Faire du chemin

Literally: To make way

Meaning: To come a long way

— Tu as fait du chemin depuis la dernière fois qu'on s'est parlés. You've come a long way since the last time we spoke.

Faire du piano - Faire de la guitare - ...

Meaning: To play piano - To play guitar - ...

— Il faut faire de la guitare pendant longtemps pour devenir bon. You must play guitar for a long time to get good at it.

Faire du shopping

Meaning: To go shopping (clothes)

— On va faire du shopping au centre commercial dans une heure, est-ce que tu veux nous accompagner ? We're going shopping at the mall in an hour, do you want to come with us?

Faire du zèle

Literally: Be zealous

Meaning: To show zeal

— Mon collègue fait toujours du zèle quand on doit travailler ensemble. My colleague is always zealous when we have to work together.

Faire entendre raison

Literally: To make people listen to reason

Meaning: To talk someone sense into

— C'est impossible de lui faire entendre raison. It's impossible to make him listen to reason.

Faire exprès de

Meaning: To do on purpose

— Tu l'as fait exprès, n'est-ce pas ? You did it on purpose, didn't you?

EX. 4.2 *Trouvez la bonne traduction parmi les expressions de la liste ci-dessus :*

AUDIO 4.4. 🔊

1. To kill two birds with one stone - _____

2. To exercise - _____

3. To come a long way - _____

4. To do on purpose - _____

5. To be a 40 in shoe size - _____

AUDIO 4.5. 🔊

Faire face

Literally: To make face

Meaning: To face - To deal with

— Faire face à ses problèmes n'est pas toujours facile. Dealing with problems is not always easy.

Faire faux bond à quelqu'un

Literally: To make a wrong jump at someone

Meaning: To let someone down

— Elle a fait faux bond à son fiancé une fois de plus. She let down her fiancé once again.

Faire fureur

Literally: To make fury

Meaning: To be all the rage

— Le nouvel album de ce chanteur fait fureur depuis des semaines. This singer's new album has been all the rage for weeks.

Faire gaffe (familiar)

Meaning: To be careful

— Fais gaffe à ne pas trop utiliser de produit car c'est abrasif. Be careful not to use too much product because it is abrasive.

Faire l'école buissonnière
Sécher les cours (familiar)

Literally: To make school in the bush - To dry courses

Meaning: To skip school - To skip class

— Tes parents ont reçu un courrier disant que tu as fait l'école buissonnière la semaine dernière. Your parents got a letter saying you skipped school last week.

Faire l'enfant

Literally: To do the child

Meaning: To act like a child - To be childish

— Arrête de faire l'enfant, tu m'énerves. Stop acting like a child, you're getting on my nerves.

Faire l'impasse

Literally: To do the dead end

Meaning: To skip

— Faisons l'impasse sur le dessert car on va être en retard pour le film. Let's skip dessert because we'll be late for the movie.

Faire la belle (game)

Literally: To do the pretty

Meaning: The game that will decide the winners

— Tu as gagné une partie, j'ai gagné une partie. Il est temps de faire la belle. You won a game, I won a game. It's time to do the last one

Faire la bise

Literally: To make a kiss

Meaning: To kiss hello

— En Europe, c'est commun de faire la bise pour dire bonjour. In Europe, it's common to kiss to say hello.

Faire la connaissance de quelqu'un

Literally: To get to know someone

Meaning: To meet someone

— Je n'ai pas eu la chance de faire la connaissance de tes grands-parents. I didn't have the chance to meet your grandparents.

Faire la courte échelle

Literally: To make the short ladder

Meaning: To give someone a leg up

— Je n'arrive pas à atteindre la fenêtre. Fais-moi la courte échelle. I can't reach the window. Give me a leg up.

Faire la java - la nouba - la bringue - la bamboula (familiar)

Meaning: To party

— Vous allez faire la java ce soir ? Are you going to party tonight?

Faire la morale à quelqu'un

Meaning: To lecture someone

— Les enfants se sont fait faire la morale par le policier. The policeman lectured the children.

Faire la navette

Literally: To do the shuttle

Meaning: To commute

- Est-ce que tu fais la navette pour aller au travail ? Do you commute to work?
- Le plus souvent oui, mais parfois je prends la voiture. Most often, yes, but sometimes I take the car.

Faire la part des choses

Literally: To make the part of things

Meaning: To balance things

— Il faut faire la part des choses. Cette maison est magnifique mais on n'a pas assez d'argent pour l'acheter. We have to balance things. This house is beautiful, but we don't have enough money to buy it.

Faire la pluie et le beau temps

Literally: To make the rain and the good weather

Meaning: To call the shots

— Le patron fait la pluie et le beau temps au bureau, et ce n'est pas souvent le beau temps. The boss calls the shots at the office, and it's not often good.

Faire la queue - la file

Literally: To do the queue

Meaning: Queuing - To stand in line - To line up

— Les voyageurs font la queue à l'aéroport pour prendre leur avion. Travellers line up at the airport to catch their plane.

Faire la tête - la gueule (familiar)

Literally: To make the face

Meaning: To be mad

— Tu fais la gueule ? Tu ne me parles plus beaucoup. Are you mad? You don't talk to me much anymore.

Faire le beau - Faire la belle (for a dog)

Literally: To do the pretty

Meaning: To sit up and beg

— Beefy fait la belle pour avoir plus de friandises. Beefy sits up and begs to get more treats.

Faire le grand écart

Literally: To do the big split

Meaning: To do the split

— Il faut être souple pour pouvoir faire le grand écart. You have to be flexible to be able to do the splits.

EX. 4.3 *Choisissez l'expression qui convient le mieux à la phrase :*

AUDIO 4.6.

1. C'est nécessaire de _____ à ses problèmes.
   faire gaffe - faire face

2. On _____ pendant des heures au supermarché.
   a fait la file - a fait la java

3. Est-ce que tu es assez souple pour _____?
   faire le grand écart - faire la courte échelle

4. Ce chien est adorable, elle _____ quand elle me voit
   fait le beau - fait la belle

5. Arrête de _____ et grandis un peu !
   faire l'enfant - faire la tête

Faire le guet

Literally: To do the watch

Meaning: To keep watch - To stand guard

— Une personne a fait le guet pendant que les trois autres ont cambriolé la bijouterie. One person kept watch while the other three robbed the jewelry store.

Faire le jardin - la lessive - la vaisselle - le ménage - ...

Meaning: To garden - To do the laundry - To do the dishes - To do the housework - ...

— Cela prend beaucoup de temps de faire le jardin, la lessive, la vaisselle, le ménage, ... It takes time to garden, the laundry, the dishes, and the housework, ...

Faire le malin (familiar)

Literally: To do the clever

Meaning: To show off

— Ne fais pas trop le malin car cet homme-là ce n'est pas un gentil. Don't show off too much because this man is not a nice guy.

Faire le mariol (familiar)

Literally: To do the idiot

Meaning: To act up

— Est-ce que tu peux arrêter de faire le mariol une minute ? Can you stop acting up for a minute?

Faire le mort

Literally: To do the dead

Meaning: To play dead

— Le chien fait le mort pour ne pas aller prendre un bain. The dog is playing dead so as not to take a bath.

Faire le mur

Literally: To do the wall

Meaning: To sneak out

— Tu as fait le mur pour venir ou tes parents t'ont laissé sortir ? Did you sneak out, or did your parents let you out?

Faire le plein

Literally: To do the full

Meaning: To fill up

— C'est difficile de faire le plein de nos jours, l'essence est tellement chère ! It's hard to fill up these days, gasoline is so expensive!

Faire le poirier

Literally: To do the peer tree

Meaning: To do a headstand

— Je savais faire le poirier quand j'étais jeune mais plus maintenant. I knew how to do a handstand when I was young, but not anymore.

Faire le pont

Literally: To make the brige

Meaning: To take a long weekend

— **Toutes les banques font le pont ce vendredi.** All banks are taking a long weekend this Friday.

Faire le tour de

Literally: To do the round of

Meaning: To walk around

— **Je m'ennuie, je vais aller faire un tour dehors.** I'm bored, I'm going to go for a walk outside.

Faire le trottoir - Faire le tapin (familiar)

Literally: To do the sidewalk

Meaning: To walk the streets

— **Beaucoup de femmes font le trottoir pour payer leurs factures.** Many women walk the streets to pay their bills.

Faire les 400 coups

Literally: Make the 400 moves

Meaning: To act up

— **L'enfant que j'ai gardé ce week-end n'était pas sage. Il a fait les 400 coups !** The child I babysat this weekend was naughty. He acted up!

Faire les cent pas

Literally: To do the 100 steps

Meaning: To pace around

— **Cet homme fait les cent pas en attendant que sa femme sorte de chirurgie.** This man paces around, waiting for his wife to come out of surgery.

Faire les choses à moitié

Literally: To do the things halfway

Meaning: To do a half job - To do things by halves – To leave a job half-finished

— **Si tu fais les choses à moitié, c'est normal que tes clients ne soient pas contents.** If you do a half job, it's expected that your customers aren't happy.

Faire les courses

Literally: To do the shopping

Meaning: To go grocery shopping

— **Maintenant on peut commander en ligne au lieu d'aller faire les courses.** Now you can order online instead of going shopping.

Faire machine arrière

Literally: To make the machine go back

Meaning: To backtrack - To go back - To rewind

— **C'est impossible de faire machine arrière, les papiers sont signés.** It's impossible to go back, the papers are signed.

Faire mine de

Meaning: To pretend

— Il fait mine de ne pas t'entendre, mais il a souri quand tu as dit son nom. He pretends not to hear you, but he smiled when you say his name.

Faire peau neuve

Literally: To do new skin

Meaning: To get a makeover - To transform oneself

— Il est temps que ce magazine fasse peau neuve. It's time for this magazine to get a makeover.

Faire pencher la balance

Meaning: To tip the scales

— Le vote du dernier juré va faire pencher la balance. The vote of the last juror will tip the scales.

Faire peur à quelqu'un

Meaning: To sacre someone

— Ce pont en verre au-dessus du ravin fait peur à beaucoup de touristes. This glass bridge over the ravine scares many tourists.

EX. 4.4 *Corrigez les phrases ci-dessous si besoin :*

AUDIO 4.8. 🔊

1. Elle a appris à faire le pommier au cours de gymnastique.

   _____

2. On doit laver la lessive, on n'a plus rien à se mettre.

   _____

3. Il fait toujours les 200 coups.

   _____

4. Le chien fait le dort pour ne pas aller prendre un bain.

   _____

5. C'est cher de faire le plein de nos jours.

   _____

6. Je dois aller faire les tours avant de rentrer.

   _____

7. Il fait mine de ne pas t'entendre.

   _____

8. C'est trop tard, on ne peut pas faire machine avant.

   _____

9. Tu m'as fait la trouille, je ne savais pas que tu étais là.

_____

10. Il fait les mille pas dans son bureau.

_____

AUDIO 4.9. 🔊))
Faire pitié

Literally: To make pitty

Meaning: To pity - To feel sorry for someone

— Ce chat errant me fait toujours pitié. This stray cat always makes me feel sorry for him.

Faire porter le chapeau à quelqu'un

Literally: To make someone wear the hat

Meaning: To blame someone

— L'accusé a essayé de faire porter le chapeau à son frère, mais cela n'a pas marché. The defendant tried to blame his brother, but it didn't work.

Faire profil bas

Literally: To keep a low profile

Meaning: To lay low - To keep a low profile

— Tu ferais mieux de faire profil bas après toutes les bêtises que tu as faites. You better lay low after all the nonsense you've done.

Faire quelque chose de bon cœur

Meaning: To do something heartily, willingly

— Mon grand-père nous aide toujours de bon cœur. My grandfather always helps us willingly.

Faire ressortir quelque chose

Literally: To make something get out

Meaning: To bring something out - To highlight

— La couleur de ce pull fait ressortir la couleur de tes yeux. The colour of this sweater brings out the colour of your eyes.

Faire revenir

Literally: To make come back

Meaning: Sauté

— Faites revenir les oignons jusqu'à ce qu'ils soient bruns. Sauté the onions until they turn brown.

Faire sa B.A. (bonne action)

Literally: To do a good action

Meaning: To do a good deed

— Il pense avoir fait sa B.A., mais en réalité ce qu'il a fait ne les a pas vraiment aidés. He thinks he did a good deed, but he didn't really help them.

Faire sa fête à quelqu'un

Literally: To celebrate someone

Meaning: To ground someone

— Attends qu'il rentre, je vais lui faire sa fête. Wait until he comes home, I'm going to ground him.

Faire semblant de

Meaning: To pretend

— Il fait toujours semblant d'étudier, mais ses résultats ne sont jamais bons. He always pretends to study, but his grades are never good.

Faire ses besoins

Literally: To do one's need

Meaning: To relieve oneself

— Le chien doit faire ses besoins. Est-ce que tu peux le sortir dans le jardin ? The dog has to relieve himself. Can you take him out into the yard?

Faire ses preuves

Meaning: To prove oneself

— Les officiers de police doivent faire leurs preuves avant d'avancer dans leur carrière. Police officers must prove themselves before advancing in their careers.

Faire ses valises

Meaning: To pack one's bags

— Fais tes valises, on s'en va. Pack your bags, we're leaving.

Faire son deuil

Literally: To do one's grieving

Meaning: To grieve - To mourn

— Faire son deuil est une étape importante quand on perd quelqu'un. Grieving is a crucial step when you lose someone.

Faire son mea-culpa

Meaning: To do your mea culpa

— Tu devrais faire ton mea-culpa avant que tes erreurs ne te retombent dessus. You should do your mea culpa before your mistakes come back to you.

Faire son possible

Literally: To do one's possible

Meaning: To do one's best

— Les étudiants ont fait leur possible pour rattraper leur retard après le Covid. The students did their best to catch up after the Covid.

(re)faire surface

Meaning: To resurface

— Cette vieille histoire vient de refaire surface après des années. This old story has just resurfaced after years.

Faire tache

Literally: To make stain

Meaning: To not fit in (aesthetically)

— Ce fauteuil ne va pas très bien dans le décor. Ça fait tache. This armchair does not go very well with the decor. It doesn't fit in.

Faire tourner en bourrique (familiar)

Literally: To turn into a donkey

Meaning: To drive someone crazy

— Arrête de m'appeler toutes les deux minutes, tu vas me faire tourner en bourrique. Stop calling me every two minutes, you're going to drive me crazy.

Faire un bec (familiar)

Literally: To make a beak

Meaning: To kiss

— Faire un bec c'est s'embrasser juste avec les lèvres et très vite. To make a "beak" is to kiss just with the lips very quickly.

Faire un bide (familiar)

Literally: To make a belly

Meaning: To make a flop

— Cette série a fait un bide malgré tout l'argent qui a été investi. This series flopped despite all the money that was invested.

EX. 4.5 *Faites une phrase avec les éléments donnés :*

AUDIO 4.10. 🔊

1. à son associé / faire porter le chapeau / il a essayé de

_____

2. si tu as besoin / je ferai / de bon cœur / tes devoirs

_____

3. font semblant / les enfants / de dormir

_____

4. son augmentation / elle doit / avant de recevoir / faire ses preuves

_____

5. On doit / ce soir / faire nos valises

_____

AUDIO 4.11. 🔊

Faire un caca nerveux (familiar)

Literally: To have a nervous poop

Meaning: To get mad

— Est-ce qu'il est toujours colérique comme ça ? On dirait qu'il va faire un caca nerveux. Is he always angry like that? It looks like he's going to get mad.

Faire un clin d'œil

Literally: To do a wink

Meaning: To wink

— Est-ce que tu as vu qu'il t'a fait un clin d'œil ? Did you see that he winked at you?

Faire un créneau

Literally: To make a niche

Meaning: To parallel park

— Pour réussir le permis de conduire, il faut être capable de faire un créneau. To pass the driving license, you must be able to parallel park.

Faire un dessin à quelqu'un

Literally: To draw someone's picture

Meaning: To explain something to someone - To have to draw a picture

— Est-ce qu'il faut que je te fasse un dessin pour que tu comprennes ? Do I have to draw you a picture for you to understand?

Faire un geste

Meaning: To do something (about the price)

— C'est un peu trop cher pour moi. Est-ce que vous pouvez faire un geste ? It's a bit too expensive for me. Can you do something about it?

Faire un malheur - Faire un carton

Literally: To make a misfortune - a cardboard

Meaning: To be a hit - To be a success

— Ce jeune homme va faire un malheur auprès des filles. This young man is going to be a hit with the girls.

Faire un nœud à son mouchoir

Meaning: To tie a knot in your handkerchief

— Fais un nœud à ton mouchoir, comme ça tu n'oublies pas. Tie a knot in your handkerchief, so you don't forget.

Faire un pied de nez

Meaning: Thumbing one's nose

— Le professeur a vu Ian faire un pied de nez à Lucie. The professor saw Ian thumb his nose at Lucie.

Faire un plat

Meaning: To make a bellyflop

— La plongeuse a fait un plat car elle a été distraite par le flash d'un appareil photo. The diver did a bellyflop because she was distracted by a camera flash.

Faire un tabac

Literally: To make a tobacco

Meaning: To be a big hit

—— Cette chanson a fait un tabac en 2020, on n'entendait que ça à la radio ! This song was a hit in 2020, we only listened to this on the radio!

Faire un tour

Literally: To do a turn

Meaning: To take a stroll - To go for a walk

—— Est-ce que vous voulez aller faire un tour près du lac ? Do you want to go for a walk by the lake?

Faire un voyage

Literally: To make a trip

Meaning: To take a trip

—— On aimerait faire un voyage de plusieurs semaines en Australie. We would like to take a trip for several weeks to Australia.

Faire une croix sur quelque chose

Literally: To make a cross on something

Meaning: To give up on something - To forget about something

—— Tu peux faire une croix sur ton augmentation si tu n'obtiens pas ce contrat. You can give up on your raise if you don't get that contract.

Faire une entorse à

Literally: To make a sprain to

Meaning: To bend the rules

—— Je sais que tu es au régime, mais tu peux faire une entorse juste pour ce soir. I know you're on a diet, but you can bend the rules just for tonight.

Faire une fleur à quelqu'un

Literally: To make a flower to someone

Meaning: To do someone a favour

—— Il t'a fait une fleur en t'acceptant dans le programme, mais il peut toujours revenir sur sa décision. He did you a favour by accepting you into the program, but he can always reconsider his decision.

Faire une fugue

Literally: To do a run

Meaning: To run away from home

—— Les enfants font parfois une fugue quand ils ne vivent pas dans un bon environnement. Children sometimes run away when they don't live in a good environment.

Faire une gaffe

Meaning: To make a mistake - To slip up

—— J'ai fait une gaffe, j'ai envoyé un message à ma mère au lieu de mon petit copain. I slipped up, I texted my mom instead of my boyfriend.

Faire une ovation

Meaning: To give a standing ovation

— Les spectateurs ont fait une ovation après la dernière chanson. The audience gave a standing ovation after the last song.

Faire une partie de

Literally: To do a game of

Meaning: To play a game of

— Les enfants font une partie de Trivia. The kids are playing a game of Trivia.

Faire une promenade

Literally: To do a walk

Meaning: To take a walk

— Le dimanche après-midi, on aime faire une promenade tous ensemble. On Sunday afternoons, we all like to take a walk together.

EX. 4.6 *Choisissez une des expressions ci-dessous et ajoutez-la à la bonne phrase :*

AUDIO 4.12. 🔊

**faire un dessin – a fait un geste – a fait un clin d'œil – faire un malheur
– faire un voyage – a fait une gaffe – faire un créneau – a fait un plat
– faire une partie – a fait une promenade**

1. C'est dans nos plans de _____ cet été.
2. On _____ autour du lac avant de rentrer.
3. Le vendeur _____ et a offert une réduction.
4. Est-ce que tu veux _____ de carte ?
5. Cette boisson va _____ cet été !
6. Il a plongé mais il _____.
7. Est-ce que tu as vu qu'elle t'_____ ?
8. J'ai raté mon permis de conduire car je n'ai pas réussi à _____.
9. Est-ce que c'est clair ou il faut te _____ ?
10. Il _____ mais il ne s'en est pas rendu compte.

AUDIO 4.13. 🔊

Faire une scène

Meaning: To make a scene

— La serveuse a apporté une eau pétillante au lieu d'une eau plate. Ça ne sert à rien de faire une scène. The waitress brought bubbly water instead of still water. There's no point in making a scene.

Faire vibrer la corde sensible

Literally: To make the sensitive cord vibrates

Meaning: To tug at your heart strings

— Les organisations font toujours vibrer la corde sensible pour recevoir plus d'argent. Organizations always tug at your heart strings to receive more money.

Fais voir

Literally: Make me see

Meaning: Let me see

- Tu as vu mon nouveau téléphone ? Have you seen my new phone?

- Fais voir ! Let me see!

Faites comme chez vous

Meaning: Make yourselves at home

— Bienvenue à la maison. Faites comme chez vous. Welcome to the house. Make yourselves at home.

L'habit ne fait pas le moine

Literally: The outfit doesn't make the monk

Meaning: It's not the clothes that make the man

— Je ne pensais pas qu'il était chef d'entreprise. L'habit ne fait pas le moine. I didn't think he was a business owner. The clothes do not make the man.

La goutte d'eau qui fait déborder le vase

Literally: The drop that makes the vase overflow

Meaning: The straw that breaks the camel's back

— Quand il a vu les messages d'un autre homme sur son téléphone, ça a été la goutte d'eau qui a fait déborder le vase. When he saw another man's messages on his phone, that was the straw that broke the camel's back.

Ne faire ni chaud ni froid

Literally: It's neither hot nor cold

Meaning: I couldn't care less - To feel indifferent

— Cette nouvelle ne me fait ni chaud ni froid. I couldn't care less about this news.

Ni fait, ni à faire

Literally: Neither done nor to be done

Meaning: A half-arsed jobe

— Cette robe a été refaite chez le couturier, mais ce n'est ni fait ni à faire. This dress has been redone at the couturier, it's a half-arsed job.

Pourquoi faire compliqué quand on peut faire simple ?

Meaning: Why make it complicated when it can be simple?

— Tu as raison, pourquoi faire compliqué quand on peut faire simple ? You're right, why make it complicated when you can make it simple?

S'en faire

Meaning: To worry

— Ne t'en fais pas, elle sera là demain matin. Don't worry, she'll be here tomorrow morning.

Se faire avoir

Literally: To get have

Meaning: To get taken advantage of - To be tricked

— Elle s'est fait avoir par un faux policier qui lui a demandé de l'argent. She was tricked by a fake policeman who asked her for money.

Se faire chier (familiar)

Meaning: To be bored

— On se fait chier. On était censés aller au restaurant, mais il n'y avait personne pour nous conduire. We are getting bored. We were supposed to go to the restaurant, but there was no one to drive us.

Se faire de la bile

Literally: To make yourself bile

Meaning: To worry

— Tu te fais de la bile pour rien. Je suis sûre que tu as réussi tes examens de fin d'année. You're worrying for nothing. I'm sure you passed your final exams.

Se faire des films (familiar)

Literally: To make movies

Meaning: To be paranoid

— Ta femme avec un autre homme ? Tu te fais des films, elle travaille beaucoup c'est tout. Your wife with another man? You are being paranoid; she works a lot, that's all.

Se faire désirer

Meaning: To like to be desired - To play hard to get

— Elle arrive toujours en retard car elle aime se faire désirer. She always arrives late because she likes to play hard to get.

Se faire du mauvais sang

Literally: To make oneself bad blood

Meaning: To worry

— Il se fait du mauvais sang pour son chien, cela fait des semaines qu'il ne mange presque plus. He worries about his dog, he has hardly eaten for weeks.

Se faire du souci - du mouron

Meaning: To worry

— Tu te fais toujours du souci pour tout le monde. You always worry about everyone.

Se faire la belle - Se faire la malle (familiar)

Literally: To make yourself the beautiful

Meaning: To get away - To make a run for - To escape

— Le prisonnier s'est fait la belle quand il a vu que la porte de sa cellule était ouverte. The prisoner got away when he saw that his cell door was open.

Se faire plaisir

Meaning: To please yourself - To treat yourself

— Je pense que tu devrais te faire plaisir plus souvent. I think you should treat yourself more often.

Se faire remonter les bretelles

Literally: Getting your suspenders up

Meaning: To be grounded

— Il s'est fait remonter les bretelles à l'école car il n'a pas fait ses devoirs. He got grounded at school because he didn't do his homework.

Se faire un sang d'encre

Literally: To make blood out of ink

Meaning: To be worried sick

— Elle se fait un sang d'encre car son mari a un travail dangereux. She's worried sick because her husband has a dangerous job.

Se faire une raison

Meaning: To make up your mind

— Il faut que tu te fasses une raison, ce voyage doit être repoussé. You have to make up your mind, this trip has to be postponed.

EX. 4.7 *Est-ce que la traduction en anglais est correcte ? V (vrai) ou F (faux) :*
AUDIO 4.14. 🔊

1. _____ - Ne faire ni chaud ni froid - *I couldn't care less*

2. _____ - S'en faire - *To worry*

3. _____ - Se faire chier - *To go to the bathroom*

4. _____ - Se faire de la bile - *To make yourself money*

5. _____ - Se faire des films - *To watch a movie*

6. _____ - Se faire du mauvais sang - *To get yourself bad blood*

7. _____ - Se faire avoir - *To get taken advantage of*

8. _____ - Se faire plaisir - *To please yourself*

9. _____ - Se faire remonter les bretelles - *To put back your pants*

10. _____ - Se faire une raison - *To make up your mind*

EX. 4.8 *Récap - Citez 5 choses que vous aimez faire et que vous n'aimez pas faire :*
AUDIO 4.15. 🔊

J'aime _____

Je n'aime pas _____

CHAPTER 5
METTRE - To put

AUDIO 5.1. 🔊

En mettre plein la vue à quelqu'un

Literally: To put on someone sight

Meaning: To impress someone - To sweep someone off their feet

— Il espère en mettre plein la vue de ses copains avec son nouveau vélo. He hopes to impress his friends with his new bike.

En mettre sa main au feu

Literally: To put your hand on fire

Meaning: To bet your life on it

— Je mettrais ma main au feu qu'il t'a menti. I would bet my life on it that he lied to you.

Mettre de côté

Meaning: To put aside

— L'employé a accepté de mettre le téléphone de côté jusqu'à ce soir. The employee has agreed to put the phone aside until tonight.

Mettre des bâtons dans les roues

Literally: To put a spoke in the wheel

Meaning: To try to ruin a plan

— Mettre des bâtons dans les roues de quelqu'un n'est pas bon pour le karma. Trying to ruin someone's plan is not good for your karma.

Mettre en cause

Literally: To put in cause

Meaning: To implicate - To question

— Le juge n'a mis personne en cause pour le moment, mais ça ne devrait pas tarder. The judge has not implicated anyone for the moment, but it should not take long.

Mettre en doute

Literally: To put in doubt

Meaning: To question - To doubt

— Elle met en doute tout ce que je lui dis. She questions everything I tell her.

Mettre en valeur - en évidence - en lumière

Meaning: To highlight - To enhance

— La couleur bleue met vraiment en valeur la cuisine. The blue colour enhances the kitchen.

Mettre l'accent sur

Literally: To put the accent on

Meaning: To focus on - To emphasize

— Il faut mettre l'accent sur la sécurité en ligne. Beaucoup de gens se font avoir car ils ne connaissent pas les dangers d'internet. Emphasis should be placed on online security. Many people fall for it because they don't know the dangers of the internet.

Mettre la table - le couvert

Literally: To put the table - the cutlery

Meaning: To set the table

— Mets la table s'il te plaît. Please set the table.

Mettre la télévision - la radio

Literally: To put the TV - the radio

Meaning: To turn on the TV - the radio

— Tu mets toujours la radio quand tu étudies ? Do you always turn on the radio when you study?

Mettre le feu aux poudres

Literally: To set fire to the powder

Meaning: To spark things off - To ignite something

— Il suffit d'une étincelle pour mettre le feu aux poudres. All it takes is a spark to ignite the powder.

Mettre le grappin sur

Literally: To put the grapple on

Meaning: To get your hands on

— Je dois retrouver mon portefeuille avant que quelqu'un ne mette le grappin dessus. I need to find my wallet before someone gets his hands on it.

Mettre le holà - un frein

Literally: To put the kibosh - a brake

Meaning: To put a stop - To put an end

— C'est nécessaire de mettre un frein sur les rumeurs au plus vite. It is necessary to put an end to the rumours as soon as possible.

Mettre les bouchées doubles

Literally: To double the bites

Meaning: To double down

— Avec la plupart des employés malades, il va falloir mettre les bouchées doubles. With most of the employees sick, it will be necessary to double down.

Mettre les bouts - les voiles

Literally: To take the pieces - the sails

Meaning: To clear off

— Il a mis les bouts après avoir perdu son travail. He cleared off after losing his job.

Mettre les petits plats dans les grands

Literally: To put the small dishes in the big ones

Meaning: To put much effort

— Ma mère met toujours les petits plats dans les grands pour mon anniversaire. My mother always puts much effort into my birthday.

Mettre les points sur les i

Literally: To put the dots on the I

Meaning: To clear things up

— Parfois mettre les points sur les i est nécessaire. Sometimes clearing things up is necessary.

Mettre quelqu'un au parfum

Literally: To put someone on the perfume

Meaning: To fill someone in

— On devrait le mettre au parfum sur le passé de sa nouvelle copine. We should fill him in on his new girlfriend's past.

Mettre quelqu'un au pied du mur

Literally: To put someone up at the bottom of the wall

Meaning: To put someone up against the wall - To confront someone

— Ses parents l'ont mis au pied du mur. Soit il continue ses études, soit il trouve du travail. His parents put him up against the wall. He either continues his studies, or he finds a job.

Mettre quelqu'un en boîte

Literally: To put someone in a box - in a can

Meaning: To make fun of somebody

— Il a raté le dernier tir au but alors qu'il disait qu'il ne ratait jamais. Toute l'équipe l'a mis en boîte. He missed the last shot on goal when he said he never missed. The whole team made fun of him.

EX. 5.1 *Trouvez la bonne fin (deux mots) :*

AUDIO 5.2. 🔊

1. Est-ce que tu peux mettre _____ ?

2. C'est ce qu'ils ont trouvé qu'il l'a mis _____ .

3. Elle aime beaucoup cette couleur. Elle dit que cela met tes yeux _____ .

4. Je dois finir ce projet. Peut-être que je devrais mettre les _____ .

5. Je ne mets jamais la télévision le soir mais parfois je mets _____ .

AUDIO 5.3. 🔊

Mettre quelque chose à plat

Meaning: To lay something down

— On va mettre les choses à plat et on va résoudre les difficultés entre nous. We will lay down everything and resolve the difficulties between us.

Mettre sa tête à couper

Literally: To put someone's head to cutting

Meaning: To bet your life on it

— Il a l'air d'être un homme honnête, mais je n'en mettrais pas ma tête à occuper. He seems like an honest man, but I wouldn't bet my life on it.

Mettre son grain de sel

Literally: To put his grain of salt

Meaning: To stick your nose in

— Il faut toujours que tu mettes ton grain de sel partout. You always have to stick your nose everywhere.

Mettre sous pression

Meaning: To put under pressure

— Son patron le met sous pression pour que le projet soit fini au plus vite. His boss puts him under pressure to finish the project as soon as possible.

Mettre sur la voie

Literally: To put on track

Meaning: To get on the right path

— Tu peux me donner un indice peut-être, me mettre sur la voie ? Can you give me a hint and maybe put me on the right path?

Mettre un enfant au monde

Literally: To put a child into the world

Meaning: To give birth to a child - To bring a child into the world

— Mettre un enfant au monde peut durer plus d'une journée. Giving birth to a child can take more than a day.

Mettre un vêtement

Meaning: To put on a piece of clothing

— Mets ta veste, il fait froid dehors. Put on your jacket; it's cold outside.

N'avoir rien à se mettre

Literally: To have nothing to put on onelself

Meaning: To have nothing to wear

— Ma femme dit toujours qu'elle n'a rien à se mettre. My wife always says she has nothing to wear.

N'avoir rien à se mettre sous la dent

Literally: To have nothing to put under your tooth

Meaning: To have nothing to eat

— Je suis affamé, je n'ai rien à me mettre sous la dent. I'm starving; I have nothing to eat.

Ne pas savoir où se mettre

Literally: To not know where to put yourself

Meaning: To not know where to stand

— Elle était rouge comme une écrevisse et ne savait pas où se mettre. She was red as a beet and didn't know where to stand.

Remettre les pendules à l'heure

Literally: To put back the clocks on time

Meaning: To set the clocks back

— Je peux te remettre les pendules à l'heure si tu ne te rappelles pas ce que tu as dit. If you don't remember what you said, I can set the clocks back for you.

S'y mettre

Meaning: To get on with - To get started

— Il faut qu'on s'y mette. Sinon, on n'aura jamais fini. We have to get started. Otherwise, we will never be done.

Se (re)mettre dans le bain

Literally: To put yourself in the bath

Meaning: To get into the swing of things

— Après un an sans travailler, ça va être difficile de se remettre dans le bain. After a year without working, getting back into the swing of things will be challenging.

Se mettre à l'aise

Literally: To put yourself at ease

Meaning: To make yourself comfortable - To make yourself at home

— Mets-toi à l'aise, je serai là dans une minute. Please make yourself at home; I'll be there in a minute.

Se mettre à poil (familiar)

Meaning: To get naked

— Je suis entrée dans la chambre pendant qu'il se mettait à poil. I entered the bedroom while he was getting naked.

Se mettre à quelque chose

Literally: To put yourself at something

Meaning: To take up something

— Les personnes anxieuses devraient se mettre au yoga et à la méditation. Anxious people should take up yoga and meditation.

Se mettre d'accord

Meaning: To agree

— On s'est mis d'accord sur un prix, mais la vente n'est pas encore finale. We have agreed on a price, but the sale is not yet final.

Se mettre dans la peau de quelqu'un

Literally: To put yourself in someone's skin

Meaning: To put yourself in someone's shoes

— Parfois, pour comprendre il faut se mettre dans la peau des autres. Sometimes, to understand, you have to put yourself in someone else's shoes.

Se mettre en colère - en boule

Meaning: To get angry

— Pourquoi est-ce que tu te mets toujours en colère sans raison ? Why do you always get angry for no reason?

Se mettre en quatre

Literally: To put yourself in four
Meaning: To bend over backwards - To go out of your way

— Il se met toujours en quatre pour toi, et toi tu n'es jamais contente. He always goes out of his way for you, and you are never happy.

Y mettre du sien

Meaning: To do your part

— S'il n'y met pas du sien, ça ne va pas marcher. If he doesn't do his part, it won't work.

EX. 5.2 *Choisissez l'expression qui convient le mieux à la phrase :*
AUDIO 5.4. 🔊

1. Cela ne sert à rien de _____ ses employés _____.
   mettre _____ sous pression - mettre _____ sur la voie

2. Il était tellement gêné, il _____.
   n'avait rien à se mettre - ne savait pas où se mettre

3. Tu as eu le temps de faire des recherches et de _____ ?
   te mettre dans le bain - mettre ton grain de sel

4. _____, le directeur sera là dans une minute.
   Mettez-vous à l'aise - Mettez-vous à poil

5. Je _____ qu'il a menti.
   mettrais en quatre - mettrais ma tête à couper

EX. 5.3 *Récap - Corrigez les phrases ci-dessous si besoin :*
AUDIO 5.5. 🔊

1. Je ne mettrais pas ma tête au feu !

   _____

2. Cette découverte doute 10 ans de recherches scientifiques.

   _____

3. Cela va mettre le feu aux bois.

   _____

4. Il est temps de mettre les points sur les a.

_____

5. Est-ce que tu essayé de mettre les choses au mur ?

_____

6. Ne me dis pas que tu n'es rien à te mettre.

_____

7. C'est bien de remettre les téléphones à l'heure de temps en temps.

_____

8. On n'a pas beaucoup le temps pour mettre à l'aise. Notre avion part dans deux heures.

_____

9. Il faut toujours se mettre dans les chaussures de quelqu'un d'autre pour comprendre.

_____

10. Ma mère se mettait toujours en six pour nous.

_____

Notes :

CHAPTER 6
PRENDRE - To take

AUDIO 6.1. 🔊

Bien s'y prendre

Literally: To take yourself well

Meaning: To do something well - To be good at something

— Elle s'y prend bien pour expliquer les sujets compliqués. She is good at explaining complicated subjects.

C'est à prendre ou à laisser

Literally: It's to take or to leave

Meaning: Take it or leave it

— Ce couple a offert 250.000 euros pour la maison, c'est à prendre ou à laisser. This couple offered 250,000 euros for the house, take it or leave it.

En prendre de la graine

Literally: To take the seed

Meaning: To take as an example

— Ta sœur est déjà prête. Tu devrais en prendre de la graine. Your sister is already ready. You should take it as an example.

En prendre pour son grade

Literally: To take for one's grade

Meaning: To get a severe telling-off

— Tu vas en prendre pour ton grade quand tes parents verront que tu as perdu ton sac. You'll get a severe telling-off when your parents see you lost your bag.

Être pris la main dans le sac

Literally: To be taken hand in bag

Meaning: To be caught red-handed

— Il ne devrait pas nier, il a été pris la main dans le sac. He shouldn't deny, he was caught red-handed.

Ne pas être à prendre avec des pincettes

Literally: To not be to take with tweezers

Meaning: To not be in a bad mood - To not be taken lightly

— Il s'est levé du mauvais pied. Il n'est pas à prendre avec des pincettes aujourd'hui. He got up on the wrong foot. He is not to be taken lightly today.

Passer prendre quelqu'un

Literally: To pass take someone

Meaning: To pick someone up

— Tu veux que je passe te prendre à quelle heure ? What time do you want me to pick you up?

Prendre à la gorge

Literally: To take at the throat

Meaning: To irritate the throat

— Cette odeur me prend à la gorge, c'est insupportable. This smell irritates my throat, it's unbearable.

Prendre au mot

Meaning: To take someone at their word

— Il a pris au mot ce que tu lui as dit la semaine dernière. He took what you told him last week at your word.

Prendre au pied de la lettre

Literally: To take at the bottom of the letter

Meaning: To take literally

— Peut-être que ce n'est pas ce qu'il voulait dire. Tu prends toujours tout au pied de la lettre. Maybe that's not what he meant. You always take everything literally.

Prendre au sérieux

Meaning: To take seriously

— Personne ne le prend au sérieux dans l'entreprise. Nobody takes him seriously in the company.

Prendre cher (familiar)

Literally: To take expensive

Meaning: To go down

— Fais attention à ce que tu lui dis car tu peux prendre cher avec lui. Be careful what you say to him because you can go down with him.

Prendre congé de quelqu'un

Literally: To take free time from someone

Meaning: To take one's leave of somebody - To get away

— Si seulement on pouvait prendre congé de lui et de ses histoires parfois. If only we could get away from him and his stories sometimes.

Prendre connaissance de

Literally: To take knowledge of

Meaning: To study something - To examine something - To be aware of something

— Le client, a-t-il pris connaissance des modifications du contrat ? Is the customer aware of the changes to the contract?

Prendre conscience de

Literally: To take conscience of

Meaning: To realize something

— J'ai vu dans ses yeux le moment où il a pris conscience de son erreur. I saw in his eyes the moment he realized his mistake.

Prendre de haut

Literally: To take from above

Meaning: To look down on someone

— Prendre les gens de haut c'est impoli et mal vu. Looking down on people is rude and frowned upon.

Prendre de l'âge

Literally: To take some age

Meaning: To get old

— À chaque fois qu'on se voit j'ai l'impression qu'il prend de l'âge. Every time we see each other, I feel like he's getting older.

Prendre de l'élan

Literally: To take some momentum

Meaning: To gather speed - To gain momentum

— L'athlète prend de l'élan avant de sauter. The athlete gains momentum before jumping.

Prendre des mesures draconiennes

Meaning: To take draconian measures

— Il faudra prendre des mesures draconiennes si l'école n'est pas saine pour les enfants. Draconian measures will have to be taken if the school is not safe for the children.

Prendre des risques

Meaning: To take risks

— Parfois prendre des risques en vaut la peine. Sometimes taking risks is worth it.

Prendre du poids

Literally: To take weight

Meaning: To gain weight

— Il a finalement pris du poids, cela faisait longtemps qu'il ne mangeait plus. He finally gained weight, he hadn't eaten for a long time.

Prendre du recul

Meaning: To take a step back

— Tu devrais peut-être prendre du recul pour y voir plus clair. Maybe you should take a step back to see more clearly.

Prendre en flagrant délit

Literally: To be taken in the blatant act

Meaning: To be caught in the act

— Il a vu sa femme au restaurant avec un autre homme. Elle a été prise en flagrant délit. He saw his wife at the restaurant with another man. She was caught in the act.

Prendre feu

Literally: To take on fire

Meaning: To catch on fire

— L'hôtel a pris feu en quelques minutes. The hotel caught fire within minutes.

EX. 6.1 *Ajoutez la traduction / définition en anglais :*

AUDIO 6.2. 🔊

1. C'est à prendre ou à laisser - _____

2. Bien s'y prendre - _____

3. Prendre au mot - _____

4. Prendre au sérieux - _____

5. Prendre connaissance de - _____

6. Prendre de haut - _____

7. Prendre de l'âge - _____

8. Prendre des risques - _____

9. Prendre du poids - _____

10. Prendre feu - _____

AUDIO 6.3. 🔊

Prendre froid

Literally: To take cold

Meaning: To catch a cold

— Tu as le nez qui coule. Est-ce que tu as pris froid ? You have a runny nose. Did you catch a cold?

Prendre garde

Literally: To take guard

Meaning: To be careful - To watch out

— Prends garde à tes affaires quand tu voyages. Il y a beaucoup de voleurs en ville. Be careful with your belongings when you travel. There are many thieves in town.

Prendre goût à quelque chose

Literally: To take taste of something

Meaning: To get a taste for something

— Ce n'est pas difficile de prendre goût à la lecture, du moment qu'on lit ce qu'on aime. It's not hard to get a taste for reading, as long as you read what you love.

Prendre l'air

Literally: To take fresh air

Meaning: To get some fresh air - To get out

— Je ne me sens pas bien, je vais aller prendre l'air. I don't feel well, I'm going to get some fresh air.

Prendre l'avion - le bus - le train

Meaning: To take the plane - the bus - the train

— Pendant ce voyage, on va prendre l'avion, le bus et le train. During this trip, we will take the plane, the bus, and the train.

Prendre l'eau

Literally: To take water

Meaning: To take on water

— Mes chaussures prennent l'eau, je dois acheter une nouvelle paire. My shoes are taking on water, I have to buy a new pair.

Prendre la liberté de

Meaning: To take the liberty to

— Mes enfants ont pris la liberté de commander une pizza sans me demander mon accord. My kids took the liberty of ordering a pizza without asking my permission.

Prendre la parole

Literally: To take the speech

Meaning: To take the floor - To speak

— Le Président a pris la parole pendant la cérémonie. The President spoke during the ceremony.

Prendre la plume

Literally: To take the feather

Meaning: To take up a pen

— Une fois que l'écrivain prend sa plume, rien ne l'arrête. Once the writer takes up his pen, nothing stops him.

Prendre la porte

Literally: To take the door

Meaning: To walk out the door

— Si tu n'es pas content, tu peux toujours prendre la porte. If you're not happy, you can always walk out the door.

Prendre la pose

Meaning: To pose

— Le modèle prend la pose pendant que le photographe prend les photos. The model strikes a pose while the photographer takes the photos.

Prendre la poudre d'escampette

Literally: To take the runaway powder

Meaning: To take off

— Il est parti acheter un paquet de cigarettes et n'est jamais revenu. En gros, il a pris la poudre d'escampette. He left to buy a pack of cigarettes and never came back. He took off.

Prendre la relève

Literally: To take succession

Meaning: To take over

— Qui est-ce qui va prendre la relève après son départ à la retraite ? Who will take over after he retires?

Prendre la route

Meaning: To take the road

— Mes parents ont pris la route ce matin pour vous rejoindre. My parents took the road this morning to join you.

Prendre la tangente

Literally: To take the tangent

Meaning: To take off - To run away

— J'espère que tu ne vas pas prendre la tangente dès que je tounerai le dos. I hope you'll not take off as soon as I turn my back.

Prendre la température

Literally: To take the temperature

Meaning: To test the waters

— C'est mieux de prendre la température avant d'annoncer une mauvaise nouvelle. It's best to test the waters before you break bad news.

Prendre le large

Literally: To take the wide

Meaning: To take off

— Est-ce que c'est vrai qu'il a pris le large après le décès de ses grands-parents ? Is it true that he took off after the death of his grandparents?

Prendre le pouls

Meaning: To take someone's pulse

— Le docteur prend le pouls du patient. The doctor takes the patient's pulse.

Prendre le train en marche

Literally: To take the moving train

Meaning: To jump on the bandwagon

— Si on veut les rattraper, on va devoir prendre le train en marche. On n'a pas le choix. If we want to catch up with them, we'll have to jump on the bandwagon. We do not have a choice.

Prendre les commandes

Literally: To take the commands

Meaning: To take over

— Cela fait longtemps qu'il veut prendre les commandes mais il est toujours à la même position. He has wanted to take over for a long time but he is still in the same position.

Prendre les devants

Literally: To take the lead

Meaning: To take the initiative

— L'électricien a pris les devants et a effectué le travail sans qu'on lui demande. The electrician took the initiative and did the work without being asked.

Prendre les rênes de quelque chose

Meaning: To take the reins of something

— Parfois le mieux à faire c'est de prendre les rênes. Sometimes the best thing to do is to take the reins.

Prendre part à

Meaning: To take part in

— Le cycliste a pris part à la course malgré ses blessures. The cyclist took part in the race despite his injuries.

Prendre quelqu'un pour quelqu'un d'autre

Literally: To take someone for someone else

Meaning: To mistake someone for someone else

— Toutes mes excuses, je vous ai pris pour une de mes amies. My apologies, I mistook you for one of my friends.

EX. 6.2 *Choisissez l'expression qui convient le mieux à la phrase :*
AUDIO 6.4. 🔊

1. Je ne me sens pas bien, je vais _____.
   prendre l'air - prendre l'eau

2. Il _____ et a commencé à emballer ses affaires.
   a pris la parole - a pris les devants

3. Si tu n'es pas content tu peux _____.
   prendre la porte - prendre la température

4. Elles _____ hier soir, elles devraient arriver bientôt.
   ont pris la route - ont pris part à

5. Il n'est nulle part, je pense qu'il _____.
   a pris la tangente - a pris les rênes de quelque chose

AUDIO 6.5. 🔊
Prendre quelque chose à la légère

Meaning: To take something lightly

— Le mal de dos n'est pas à prendre à la légère. Back pain is not to be taken lightly.

Prendre quelque chose bien - mal

Meaning: To take something well - badly

— Ils ont bien pris la nouvelle malgré les circonstances. They took the news well despite the circumstances.

Prendre rendez-vous

Literally: To take an appointment

Meaning: To make an appointment

— Je dois prendre rendez-vous chez le coiffeur avant que je n'oublie. I have to make an appointment with the hairdresser before I forget.

Prendre ses cliques et ses claques (familiar)

Literally: To take his clicks and his slaps

Meaning: To gather your things and leave

— Tu prends tes cliques et tes claques et tu t'en vas. You gather your things, and you leave.

Prendre ses jambes à son cou

Literally: To take legs to the neck

Meaning: To run away

— À chaque fois qu'elle essaye de lui parler, il prend ses jambes à son cou. Every time she tries to talk to him, he runs away.

Prendre soin de

Meaning: To take care of

— Il ne prend jamais soin de ses cahiers. Ils sont tout abimés. He never takes care of his notebooks. They are all damaged.

Prendre son envol

Meaning: To take flight

— Il est temps de quitter le nid et de prendre son envol. It's time to leave the nest and take flight.

Prendre sous son aile

Meaning: To take under your wing

— Quand il a commencé sa carrière, il a été pris sous l'aile d'un des avocats de la société. When he started his career, he was taken under the wing of one of the lawyers in the company.

Prendre sur soi

Meaning: To take upon yourself

— C'est difficile de recevoir des critiques mais il faut prendre sur soi. It's challenging to receive criticism, but you must take it upon yourself.

Prendre un bain - une douche

Meaning: To take a bath - a shower

— On utilise moins d'eau en prenant une douche qu'en prenant un bain. You use less water when taking a shower than when taking a bath.

Prendre un bain de soleil

Literally: To take a sun bath

Meaning: To sunbathe

— J'ai hâte d'être en vacances et de prendre des bains de soleil toute la journée. I can't wait to be on vacation and sunbathe all day.

Prendre un coup de vieux

Literally: To take a hit of old

Meaning: To get older

— Tu ne l'as pas reconnu ? C'est vrai qu'il a pris un coup de vieux. Didn't you recognize him? He has indeed gotten older.

Prendre un malin plaisir à

Literally: To take a bad pleasure to

Meaning: To take perverse pleasure in - To take great pleasure in

— Il prend toujours un malin plaisir à embêter son frère. He always takes malicious pleasure in annoying his brother.

Prendre une décision

Literally: To make a decision

Meaning: To take a decision

— Il est temps de prendre une décision pour son testament. It's time to take a decision regarding his will.

Prendre une photo

Meaning: To take a picture

— Prenons une photo devant le lac, ça nous fera un souvenir. Let's take a photo in front of the lake, that will be a good memory.

Prendre une veste

Literally: To take a jacket

Meaning: To suffer a defeat

— Au pire, je me prendrai une veste mais j'aurai essayé. At worst, I'll suffer a defeat, but I'll have tried.

S'en prendre à quelqu'un

Literally: To take onto someone else

Meaning: To go after someone

— S'en prendre aux caissières ne changera rien au fait que les produits sont manquants. Going after the cashiers won't change the fact that the products are missing.

S'en prendre plein les dents - la gueule (familiar)

Literally: To take full-on teeth - on face

Meaning: To get a slap on the face

— Je m'en suis pris plein les dents à dire que je n'avais rien fait. I got a slap in the face, but I hadn't done anything.

S'y prendre bien - mal

Literally: To take yourself well - badly

Meaning: To do things well - badly / wrong

— Tu t'y prends mal, laisse-moi te montrer une meilleure technique. You're doing it wrong, let me show you a better technique.

Sans prendre des gants

Literally: Without taking gloves

Meaning: Bluntly

— La nouvelle lui a été annoncée sans prendre des gants. The news were announced to him bluntly.

Se faire prendre

Literally: To get yourself taken

Meaning: To get caught

— La plupart des criminels se font prendre à un moment ou à un autre. Most criminals get caught at one point or another.

Se prendre pour la huitième merveille du monde

Literally: To think that you are the eighth wonder of the world

Meaning: To think one is all that

— Je ne suis pas fan de cette femme, elle se prend pour la huitième merveille du monde. I'm not a fan of this woman, she thinks she's all that.

Se prendre pour le nombril du monde

Literally: To take yourself for the bellybutton of the world

Meaning: To think the world revolves around you

— Tu te prends pour le nombril du monde, il est temps de redescendre sur terre. You think the world revolves around you, it's time to come down to earth.

Se prendre un râteau (familiar)

Literally: To take a rake

Meaning: To get turned down

— Il a demandé à Sarah d'aller prendre un verre mais il s'est pris un râteau. He asked Sarah to have a drink, but he got turned down.

Se prendre un savon

Literally: To take yourself a soap

Meaning: To get a good telling off

— Tu vas te prendre un savon si tu ramènes de mauvaises notes à la maison. You'll get a good telling off if you bring home bad grades.

Se prendre un vent (familiar)

Literally: To take a wind

Meaning: To be ignored

— Dans la vidéo, on peut voir le présentateur tendre la main à l'invité et se prendre un vent. In the video, we can see the presenter reaching out to the guest and being completely ignored.

Se prendre une gamelle (familiar)

Literally: To take a bowl

Meaning: To fall flat on your face

— Il a glissé sur la glace et s'est pris une gamelle. Il ne s'est pas fait mal donc ça va. He slipped on the ice and fell flat on his face. He didn't hurt himself, so it's okay.

EX. 6.3 *Trouvez les synonymes parmi les expressions ci-dessus :*

AUDIO 6.6. ◀))

1. Faire ses valises - _____

2. Aider quelqu'un - _____

3. Se laver - _____

4. Décider - _____

5. Tomber - _____

EX. 6.4 *Récap -* **Prendre** *ou* **se prendre** *:*

AUDIO 6.7. ◀))

1. _____ des mesures draconiennes

2. _____ un savon

3. _____ garde

4. _____ pour la huitième merveille du monde

5. _____ le train en marche

6. _____ pour le nombril du monde

7. _____ la poudre d'escampette

8. _____ un râteau

9. _____ à la gorge

10. _____ une gamelle

Notes :

CHAPTER 7
L'AMOUR - Love

Avoir des étoiles plein les yeux

Literally: To have your eyes full of stars

Meaning: To be amazed – To be in love - To have stars in your eyes

— Les gens ont souvent des étoiles plein les yeux quand ils vont à Disney Land. People are often amazed when they go to Disney Land.

Avoir un cœur d'artichaut

Literally: To have an artichoke heart

Meaning: To fall in love easily - To be a hopeless romantic

— Je pense qu'elle aime bien ton cousin, mais elle a un cœur d'artichaut. I think she likes your cousin but she is a hopeless romantic.

Avoir un coup de foudre

Literally: To have a lightning

Meaning: To have a crush - To fall in love at first sight

— Ils ont eu un coup de foudre et se sont mariés à Las Vegas. They fell in love and got married in Las Vegas.

Avoir un faible pour

Literally: To have a weak spot for

Meaning: To have a crush for

— Il a un faible pour son ami Vincent mais il ne le sait pas encore. He has a crush on his friend Vincent, but he doesn't know it yet.

En pincer pour quelqu'un

Literally: To pinch for someone

Meaning: To have a crush

— J'ai vu de quelle manière il la regarde. Il en pince pour elle. I saw how he looks at her. He has a crush on her.

Être un cœur à prendre

Literally: To be a heart to be taken

Meaning: To be single

— Ma cousine est un cœur à prendre. Je peux te donner son numéro de téléphone. My cousin is single. I can give you her phone number.

Faire de l'œil à quelqu'un

Literally: To make an eye to someone

Meaning: To flirt - To make eyes to someone

— S'il te plaît tu peux toujours essayer de lui faire de l'œil. If you like him, you can always try to make eyes at him.

Faire l'amour

Meaning: To make love

— Est-ce que vous avez fait l'amour ? Dis-moi tout ! Did you make love? Tell me everything!

Faire la cour à quelqu'un

Literally: To do court to someone
Meaning: To court someone

— Mon cousin a fait la cour à sa fiancée pendant plusieurs années. My cousin courted his fiancée for several years.

Faire les yeux doux à quelqu'un

Literally: To do the sweet eyes to someone
Meaning: To flirt - To make eyes to someone

— J'ai vu qu'il te faisait les yeux doux. Ne me dis pas que tu ne l'as pas remarqué. I saw that he flirted with you. Don't tell me you haven't noticed.

Faire une déclaration à quelqu'un

Literally: To make a statement to someone
Meaning: To declare one's love to somebody

— Faire une déclaration est un peu vieux jeu mais c'est tellement romantique. Declaring your love is a bit old-fashioned, but it's so romantic.

Faire une touche (familiar)

Literally: To make a touch
Meaning: To have someone's attention

— Tu as fait une touche avec l'assistante, je pense. You have the assistant's attention, I think.

La lune de miel

Meaning: The honeymoon

— Nous venons de nous marier. Nous partons en lune de miel demain, en Grèce. We just got married. We are going on honeymoon tomorrow, to Greece.

Mettre quelqu'un sur un piédestal

Meaning: To put someone up on a pedestal

— Il la met toujours sur un piédestal mais honnêtement, je ne vois pas ce qu'il lui trouve. He always puts her on a pedestal but honestly, I don't see what he finds in her.

Poser un lapin à quelqu'un (familiar)

Literally: To put a rabbit to someone
Meaning: To stand someone up

— Je l'ai attendu pendant deux heures. Il m'a posé un lapin. I waited for him for two hours. He stood me up.

Promettre monts et merveilles

Literally: To promise mountains and wonders

Meaning: To promise the moon

— Il lui a promis monts et merveilles : une voiture, une maison… Elle attend toujours. He promised her the moon: a car, a house… She is still waiting.

Rendre quelqu'un heureux(se)

Meaning: To make someone happy

— Il la rend heureuse, c'est le principal. He makes her happy, that's the what matters.

S'envoyer en l'air (familiar)

Literally: To send yourself in the air

Meaning: To have intercourse - To have sex

— Elle est venue chez moi et on s'est envoyés en l'air toute la nuit. She came to my house, and we had intercourse all night.

Se faire larguer - plaquer (familiar)

Literally: To get dropped

Meaning: To get dumped

—Il s'est fait larguer par sa petite amie. He got dumped by his girlfriend.

Tomber dans les bras de quelqu'un

Literally: To fall into someone's arms

Meaning: To fall in love with someone

— Elle lui est tombée dans les bras. Quand il a fait sa demande, elle n'a pas su refuser. She fell in love with him. When he proposed to her, she couldn't refuse.

Vivre d'amour et d'eau fraîche

Literally: To live on love and fresh water

Meaning: To be in love and to not care about anything else - To live on love

- Ils n'ont pas d'argent. Je me demande bien de quoi ils vivent. They do not have money. I wonder what they live on.
- Ils vivent d'amour et d'eau fraîche. They live on love and fresh water.

EX. 7.1 *Choisissez l'expression qui convient le mieux à la phrase :*

AUDIO 7.2.

1. Il _____ à toutes les femmes qui lui donnent un peu d'attention.

   a un cœur d'artichaut - fait de l'œil

2. Il est triste car elle lui _____.

   a posé un lapin - s'est fait largué

3. J'_____ avec le serveur, je pense.

   ai fait une touche - ai fait la cour

EX. 7.2 *Récap - aites une phrase avec les éléments donnés :*

AUDIO 7.3. 🔊

1. un coup / tu as eu / de foudre / ?

_____

2. à prendre / un cœur / je ne suis plus

_____

3. à la voisine / les yeux doux / arrête de faire

_____

4. mon mari / heureuse / me rend

_____

5. dans les bras / il est tombé / d'une touriste

_____

CHAPTER 8
MANGER & BOIRE - Eating & Drinking

À la bonne franquette

Meaning: Casual meal

- Je n'ai pas grand-chose à amener. I don't have much to bring.
- Ce n'est pas grave, on va faire ça à la bonne franquette. It does not matter, this will be very casual.

Avoir faim

Literally: To have hunger

Meaning: To be hungry

—— J'ai faim. Allons manger quelque chose. I'm hungry. Let's go eat something.

Avoir l'estomac dans les talons

Literally: To have the stomach in the heels

Meaning: To be starving

—— Il est temps qu'on arrive. J'ai l'estomac dans les talons. It's time for us to arrive. I am starving.

Avoir la dalle (familiar)

Meaning: To have the munchies - To be hungry

—— J'ai la dalle et il n'y a rien à manger. I am hungry, and there is nothing to eat.

Avoir la gueule de bois (familiar)

Literally: To have a wooden face

Meaning: To be hungover

—— Mon patron a trop bu hier soir. Il a la gueule de bois depuis ce matin. My boss drank too much last night. He's been hungover since this morning.

Avoir les crocs (familiar)

Literally: To have the teeth

Meaning: To be hungry

—— J'ai tellement les crocs, je pourrais manger un bœuf. I am so hungry, I could eat an ox.

Avoir les yeux plus gros que le ventre

Literally: To have eyes bigger than one's stomach

Meaning: To be greedy

—— Tu as pris trop à manger, tu as les yeux plus gros que le ventre. You took too much to eat; your eyes are bigger than your stomach.

Avoir soif

Literally: To have thirst

Meaning: To be thirsty

— J'ai soif. Tu peux me passer la bouteille d'eau s'il te plaît ? I am thirsty. Can you pass me the bottle of water, please?

Avoir un appétit d'oiseau

Literally: To have a bird's appetite
Meaning: To have little appetite

— Il ne mange pas beaucoup. Il a un appétit d'oiseau. He doesn't eat much. He has little appetite.

Avoir un petit creux

Literally: To have a little hole
Meaning: To be a little bit hungry - To feel peckish

— Mange une pomme si tu as un petit creux. Eat an apple if you're feeling peckish.

Avoir une faim de loup

Literally: To have a wolf hunger
Meaning: To be very hungry - Could eat a horse

— Ça serait bien si on pouvait manger plus tôt car tout le monde a une faim de loup. It would be nice to eat earlier because everyone is so hungry.

Boire comme un trou (familiar)

Literally: To drink like a hole
Meaning: To drink a lot

— Il était de nouveau complètement saoul. Il boit comme un trou. He was completely drunk again. He drinks a lot.

De la piquette

Meaning: Bad wine

— Son vin, c'était de la piquette. Il était presque imbuvable. His wine was bad. It was almost undrinkable.

Être un vrai cordon bleu

Literally: To be a reel cordon bleu
Meaning: To be a good cook

— Elle cuisine très bien. C'est un vrai cordon bleu. She cooks very well. She is a good cook.

EX. 8.1 *Traduisez les expressions en français :*

AUDIO 8.2. ◀))

1. To be starving

   _____

2. To be hungover

   _____

3. To be hungry

   _____

4. To feel peckish

_____

5. Bad wine

_____

Faire la fine bouche

Literally: To do the thin mouth

Meaning: To be picky

— Arrête de faire la fine bouche et mange ce qui est dans ton assiette. Stop being picky and eat what's on your plate.

Il vaut mieux faire envie que pitié

Meaning: Better to be envied than pitied

— Tu veux plus de pommes de terre ? Il vaut mieux faire envie que pitié ! Want more potatoes? Better to be envied than pitied!

L'appétit vient en mangeant

Meaning: Appetite comes with eating

- Je n'ai pas faim maman ! I'm not hungry mum!
- Prends ces frites, l'appétit vient en mangeant. Take these fries, appetite comes with eating.

Manger à l'œil

Literally: To eat by the eye

Meaning: To eat for free

— Hier, j'étais invité à un apéro, j'en ai profité pour manger à l'œil. Yesterday, I was invited to an aperitif, I took the opportunity to eat for free.

Manger comme quatre

Meaning: To eat like four - To stuff yourself

— J'ai cuit trois kilos de pâtes. J'ai des enfants qui mangent comme quatre. I cooked three kilos of pasta. I have children who stuff themselves.

Manger comme un cochon - un porc (familiar)

Meaning: To eat like a pig

— Il a sali son pantalon. Il mange comme un cochon. He got his pants dirty. He eats like a pig.

Manger comme un moineau

Meaning: To eat like a sparrow

— Cet enfant est maigre. Il mange comme un moineau. This child is skinny. He eats like a sparrow.

Manger sur le pouce

Literally: To eat on the thumb

Meaning: To eat quickly

— Nous n'avons que dix minutes pour déjeuner. On va manger sur le pouce. We only have ten minutes for lunch. We're going to eat quickly.

Manger un morceau

Literally: To eat a piece

Meaning: To have a bite

— Viens manger un morceau à la maison. Come and have a bite at home.

N'avoir rien à se mettre sous la dent

Literally: To have nothing to put under your tooth

Meaning: To have nothing to eat

— Je suis affamé, je n'ai rien à me mettre sous la dent. I'm starving; I have nothing to eat.

Prendre un pot

Literally: To take a pot

Meaning: To have a drink

— On va prendre un pot après le travail, tu veux venir ? We're going to have a drink after work, do you want to come?

Prendre un verre

Literally: To take a glass

Meaning: To have a drink

— Tu veux aller prendre un verre ? Do you want to go have a drink?

Se mettre au régime

Literally: To put yourself on the diet

Meaning: To go on a diet

Se mettre au régime n'est pas toujours la seule solution pour perdre du poids. Going on a diet is not always the only way to lose weight.

Se prendre une biture - une cuite (familiar)

Meaning: To get drunk

— Il s'étonne d'être fatigué mais il se prend des cuites tous les samedis. He is surprised he is tired but he gets drunk every Saturday.

EX. 8.2 *Corrigez les phrases ci-dessous si besoin :*

AUDIO 8.4.

1. Il est difficile, il fait toujours la fine dent.

_____

2. Tu sais ce qu'on dit, l'appétit part en mangeant.

_____

3. Il est possible de manger à la main dans certains refuges.

_____

4. Tu manges beaucoup ! Tu manges comme trois !

_____

5. Essaye de ne pas manger comme un cochon vu que tu portes une chemise blanche.

_____

6. On n'a pas beaucoup de temps, on va manger sur le petit doigt.

_____

7. J'ai oublié de faire les courses et je n'ai rien à me mettre sous la main.

_____

8. On va prendre un seau, tu veux venir ?

_____

9. C'est de la piquette ce vin !

_____

10. Mettre au régime n'est pas toujours la solution.

_____

EX. 8.3 *Récap - Trouvez les synonymes parmi les expressions ci-dessus :*

AUDIO 8.5. 🔊

1. Avoir faim - _____

2. Avoir un petit peu faim - _____

3. Avoir très faim - _____

4. Boire beaucoup - _____

5. Manger gratuitement - _____

6. Manger vite - _____

7. Boire quelque chose - _____

8. Boire beaucoup trop - _____

Notes :

CHAPTER 9
LE TEMPS - The weather

AUDIO 9.1. 🔊

Après la pluie, le beau temps

Meaning: After the rain, comes sunshine

- Quand est-ce qu'il arrête de pleuvoir ici ? When does it stop raining here?

- Ne t'en fais pas. Après la pluie, le beau temps. Don't worry. After the rain, comes sunchine.

Avoir chaud

Literally: To have hot

Meaning: To be hot

— Est-ce que tu as chaud ? Je peux allumer la clim si tu veux. Are you hot? I can turn on the air conditioning if you want.

Avoir froid

Literally: To have cold

Meaning: To be cold

— Ma grand-mère a toujours froid. Elle porte toujours des pulls épais. My grandmother is always cold. She always wears thick sweaters.

En avril, ne te découvre pas d'un fil

Literally: In April, don't take off a thread

Meaning: In April, don't take off your warm clothes

— Sors avec ta veste, sinon tu vas tomber malade. En avril, ne te découvre pas d'un fil. Go out with your jacket, otherwise, you will get sick. "In April, don't take off a thread".

En juin, tu te vêtiras d'un rien

Literally: In June, you don't have to wear much

Meaning: No need to dress warmly in June

— Tu peux sortir en maillot de bain. En juin, tu te vêtiras d'un rien. You can go out in a bathing suit. "In June, you don't have to wear much".

En mai, fais ce qu'il te plaît

Literally: In May, do what you please

Meaning: In May, dress as you want

— Tu peux laisser ta veste à la maison, il fait beau dehors. En mai, fais ce qu'il te plaît. You can leave your jacket at home, it's nice outside. "In May, dress as you want".

Être trempé(e) comme une soupe

Literally: To be soaked like a soup

Meaning: To be soaked to the skin

— Il a de nouveau joué dehors sous la pluie. Quand il est rentré, il était trempé comme une soupe. He played outside in the rain again. When he came back, he was soaked to the skin.

Faire un froid de canard

Literally: To make a duck cold

Meaning: To be freezing cold

— Il fait un froid de canard aujourd'hui, tu devrais t'habiller plus chaudement. It's freezing cold today, you should dress warmer.

Il fait un soleil de plomb

Literally: It's a lead sun

Meaning: It's very hot

— J'ai souffert d'un coup de chaleur. Il fait un soleil de plomb. I suffered from heat stroke. It's very hot.

Il fait un temps de chien (familiar)

Literally: It's dog weather

Meaning: The weather is awful

— Il y a de la grêle et du vent dehors. Il fait un temps de chien. There is hail and wind outside. The weather is awful.

Il pleut des cordes (familiar)

Literally: It's raining ropes

Meaning: It's raining cats and dogs

— Je ne peux pas sortir le chien. Il pleut des cordes. I can't take the dog out. It's raining cats and dogs.

Pleuvoir comme vache qui pisse (familiar)

Literally: To rain like a pissing cow

Meaning: To be pouring

— On ne peut pas travailler dehors. Il pleut comme vache qui pisse. We can't go out to work outside. It's pouring.

Une hirondelle ne fait pas le printemps

Literally: One swallow does not make spring

Meaning: One swallow doesn't make a summer

— Ce n'est pas parce que la neige a fondu et qu'il y a du soleil dehors qu'il faut retirer son manteau. Une hirondelle ne fait pas le printemps. Just because the snow has melted and it's sunny outside doesn't mean you have to take off your coat. A swallow doesn't make a summer.

EX. 9.1 *Choisissez une des expressions ci-dessous et ajoutez-la à la bonne phrase :*

AUDIO 9.2. 🔊

**est trempés comme une soupe – fait un temps de chien – ai chaud
– fait un soleil de plomb – n'as pas froid – Après la pluie, le beau temps
– En avril, ne te découvre pas d'un fil – pleut des cordes
– faire un froid de canard – en mai, fais ce qu'il te plaît**

1. Il _____ depuis quelques semaines. On a hâte d'être en été !

2. Je suis certaine que cela ira mieux bientôt. _____ !

3. Tu _____ ? Ton pull n'est pas épais.

4. On est seulement le vingt-cinq avril. _____ !

5. J'_____, la climatisation est en panne.

6. Il _____, c'est bon pour les plantes !

7. Mais dans quelques jours, on pourra dire "_____".

8. On s'est fait avoir par la pluie, on _____.

9. Il va _____ ce week-end, jusqu'à -20 degrés.

10. Il _____ depuis ce matin. On ne peut pas sortir.

Notes :

CHAPTER 10
L'ARGENT - Money

AUDIO 10.1. 🔊
Avoir du blé (familiar)

Literally: To have wheat

Meaning: To have money

— Il s'est acheté son troisième iPhone en deux mois. Il doit avoir du blé. He bought his third iPhone in two months. He must have money.

Blanchir de l'argent

Meaning: To launder money

— Il utilise son magasin pour blanchir de l'argent en l'intégrant dans sa comptabilité. He uses his store to launder money by integrating it into his accounts.

C'est cadeau

Literally: It's gift

Meaning: It's free - It's on the house

— La caissière n'a pas trouvé le prix donc elle a dit que c'était cadeau. The cashier couldn't find the price, so she said it was on the house.

C'est pas donné (familiar)

Literally: It's not given

Meaning: It's expensive - It's not cheap

— Avec l'inflation, même un paquet de pâtes, c'est pas donné. With inflation, even a bag of pasta is not cheap.

Coûter bonbon (familiar)

Literally: To cost candy

Meaning: To be expensive

— Le prix de l'huile a augmenté. Elle coûte bonbon. The price of oil has gone up. It's expensive.

Coûter les yeux de la tête

Literally: To cost the eyes of the head

Meaning: To cost an arm and a leg

— Elle s'est acheté une robe cousue de diamants. Cela lui a coûté les yeux de la tête. She bought herself a dress sewn with diamonds. It cost her an arm and a leg.

Coûter un bras (familiar)

Literally: To cost an arm

Meaning: To cost an arm and a leg

— Je me suis acheté une nouvelle télévision. Elle m'a coûté un bras. I bought myself a new television. It cost me an arm and a leg.

Donner un pot de vin

Literally: To give a pot of wine

Meaning: To give a bribe

— Pour entrer la marchandise dans le pays, il a donné un pot de vin au chef de la douane. To get the goods into the country, he gave a bribe to the head of customs.

Être criblé(e) de dettes

Literally: To be covered with debt

Meaning: To be saddled with debt

— Mon oncle a fait quelques mauvais investissements et est maintenant criblé de dettes. My uncle made some bad investments and is now saddled with debt.

Être dans la dèche (familiar)

Meaning: To be broke

— Elle n'a plus un sou sur son compte. Elle est vraiment dans la dèche. She no longer has a penny in her account. She is broke.

Être né(e) avec une cuillère en argent dans la bouche

Meaning: To be born with a silver spoon in your mouth

— Il a toujours vécu dans l'opulence, et a hérité d'un véritable empire. Il est né avec une cuillère en argent dans la bouche. He has always lived in opulence and inherited a real empire. He was born with a silver spoon in his mouth.

Être riche comme crésus

Literally: To be as rich as Croesus

Meaning: To be very rich - To be loaded

— Tout le monde lui demande de l'argent car il est riche comme crésus. Everyone asks him for money because he is loaded.

Faire des économies

Literally: To make savings

Meaning: To save money

— C'est important de faire des économies en cas de problème. It is essential to save money in the event of a problem.

Faire la manche

Literally: To do the sleeve

Meaning: To beg

— Le SDF fait la manche pour manger. The homeless beg to eat.

Faire moit moit (familiar)

Literally: To do half half

Meaning: To split up

— On fait moit moit pour le repas ? Do we split up the bill for the meal?

Faire un prix à quelqu'un

Literally: To make a price to someone

Meaning: To offer a discount to someone

— Si je paye tout en une fois, est-ce que vous pouvez me faire un prix ? If I pay all at once, can you offer me a discount?

Finir dans la misère

Meaning: To end up in misery

— Il avait un métier qui payait bien, mais en tombant malade, il a fini dans la misère. He had a job that paid well, but when he fell ill, he ended up in misery.

EX. 10.1 *Choisissez l'expression qui convient le mieux à la phrase :*

AUDIO 10.2. 🔊

1. J'aimerais _____. J'en ai marre de ne pas avoir d'argent.
   avoir du blé - être dans la dèche

2. Ce pullover _____, presque 1000 dollars !
   coûte bonbon - c'est cadeau

3. Tu as demandé au vendeur de te _____ ?
   donner un pot de vin - faire un prix

4. _____ est parfois la seule solution pour les sans-abris.
   Être criblé(e) de dettes - Faire la manche

5. Quand on va au restaurant, en général on _____.
   fait moit moit - fait des économies

AUDIO 10.3. 🔊

Gagner des cacahuètes

Meaning: To not earn a lot - To earn peanuts

— Il travaille 60 heures par semaine pour gagner des cacahuètes. He works 60 hours a week to earn almost peanuts.

Il n'y a pas de petites économies

Literally: There is no little savings

Meaning: Everything is worth saving

— Il a fermé le robinet d'arrivée d'eau de moitié chez lui, pour limiter le débit au robinet. Il n'y a pas de petites économies. He closed the water inlet tap halfway at home, to limit the flow at the tap. Everything is worth saving.

Jeter l'argent par les fenêtres

Literally: To throw money out of the window

Meaning: To spend a lot - To toss money out of the window

— Elle ramène l'argent pendant que son mari dépense tout. Il jette l'argent par les fenêtres. She brings the money while her husband spends it all. He spends a lot.

L'argent n'a pas d'odeur

Literally: Money has no smell

Meaning: Money is money

- Le concessionnaire a accepté qu'il paye en liquide. The dealer has agreed to pay in cash.
- Avec l'argent de la drogue ? With the drug money?
- L'argent n'a pas d'odeur. Money is money.

L'argent ne fait pas le bonheur

Meaning: Money can't buy happiness

- Malgré tous les biens qu'il possède, il a fait une dépression. Despite all the possessions he has, he suffered from depression.
- L'argent ne fait pas le bonheur. Money cannot buy happiness.

Le temps c'est de l'argent

Meaning: Time is money

— Si tu pouvais finir ça aujourd'hui ça serait bien. Le temps c'est de l'argent ! If you could finish this today that would be great. Time is money!

Les bons comptes font les bons amis

Literally: Good accounts make good friends

Meaning: Good fences make good neighbors

— Elle lui a remboursé l'argent qu'elle lui devait. Les bons comptes font les bons amis. She paid him back the money she owed him. Good fences make good neighbors.

Mettre du beurre dans les épinards

Literally: To put some butter on the spinach

Meaning: To help makes ends meet

— Elle donne des cours du soir pour mettre du beurre dans les épinards. She gives evening classes to help make ends meet.

Ne pas avoir un radis

Literally: To not have a radish

Meaning: To be broke

— Son patron ne l'a pas payé ce mois-ci. Il n'a pas un radis. His boss hasn't paid him this month. He is broke.

Pour une bouchée de pain

Literally: For a bite of bread

Meaning: For cheap

- Combien as-tu payé ton nouvel aspirateur ? How much did you pay for your new vacuum cleaner?

- Je l'ai eu pour une bouchée de pain. I had it for cheap.

Prendre une prune (familiar)

Literally: To take a plum

Meaning: To get a fine

— Si tu continues à rouler si vite, tu vas te prendre une prune. If you keep driving so fast, you'll get a fine.

Qui paye ses dettes s'enrichit

Meaning: Who pays his debts gets richer

— Depuis que j'ai remboursé mes crédits, je me sens beaucoup mieux. Qui paye ses dettes s'enrichit. Since I repaid my loans, I feel much better. Who pays his debts gets richer.

Recevoir une note salée

Literally: To receive a salty note

Meaning: To get an expensive bill

— Elle a payé ses impôts. Elle a reçu une note salée. She paid her taxes. She received an expensive bill.

Rouler sur l'or

Literally: To roll on gold

Meaning: To be rich - To be rolling in dough

— Il dépense sans compter. Il roule sur l'or. He spends lavishly. He is rolling in dough.

Se serrer la ceinture

Literally: To tighten one's belt

Meaning: To save money

— Ils ont finalement acheté leur bateau. Ils se sont serré la ceinture pour l'acheter. They finally bought their boat. They saved a lot to buy it.

Un bon rapport qualité-prix

Meaning: A good price-performance ratio - Good value for your money

— La tondeuse était assez chère, mais elle est de très bonne qualité. C'est un bon rapport qualité-prix. The mower was quite expensive, but it is of very good quality. It is good value for your money.

Vouloir le beurre et l'argent du beurre

Literally: To want the butter and the money of the butter

Meaning: To have the cake and eat it

— Ce commercial veut qu'on vende ses produits sans faire de profit. Il veut le beurre et l'argent du beurre. This salesman wants us to sell his products without making a profit. He wants to have his cake and eat it.

EX. 10.2 *Choisissez un des verbes ci-dessous et ajoutez-le à la bonne phrase :*

AUDIO 10.4. 🔊

font – veux – ai pris – a reçu – gagne – roulent – paye – jeter – a – met

1. Il ne _____ pas plus que des cacahuètes.

2. Acheter une voiture neuve c'est comme _____ l'argent par les fenêtres.

3. Je rembourse toujours mes amis. Les bons comptes _____ les bons amis.

4. Son nouveau travail _____ du beurre dans les épinards.

5. Il n'_____ pas un radis depuis qu'il a perdu son travail.

6. Je roulais trop vite et évidemment j'_____ une prune.

7. N'oublie pas, qui _____ ses dettes s'enrichit !

8. On a trop bu au restaurant. On _____ une note salée à la fin du repas !

9. De moins en moins de gens _____ sur l'or de nos jours.

10. Tu _____ le beurre et l'argent du beurre mais il faut travailler pour gagner de l'argent !

EX. 10.3 *Récap - Choisissez un élément dans chaque colonne et formez une phrase :*

AUDIO 10.5. 🔊

Ce téléphone coûte un bras	il est riche comme crésus.
On se serre la ceinture pour acheter	il n'y a pas de petites économies.
Je n'ai pas le temps,	mais sa caméra est incroyable !
Cet homme est millionnaire,	une maison l'année prochaine.
Évite d'acheter des cafés en allant au travail,	le temps c'est de l'argent.

_____

_____

_____

_____

_____

CHAPTER 11
LE TEMPS - Time

AUDIO 11.1. 🔊

24 heures sur 24

Literally: 24 hours on 24

Meaning: Around the clock - 24 hours a day

— Le commissariat de police est ouvert 24 heures sur 24. The police station is open 24 hours a day.

7 jours sur 7

Literally: 7 days on 7

Meaning: 7 days a week

— Nous travaillons 7 jours sur 7 pour produire nos voitures. We work 7 days a week to produce our cars.

Avoir l'heure

Meaning: To have the time

— Est-ce que vous avez l'heure ? Do you have the time?

Du jour au lendemain

Meaning: Overnight

— On ne peut pas déménager du jour au lendemain. We cannot move overnight.

En deux temps, trois mouvements

Literally: In two times, three movements

Meaning: In no time

— Il a résolu notre problème en deux temps trois mouvements. He solved our problem in no time at all.

Être à l'heure

Meaning: To be on time

— Il faut être à l'heure car l'avion ne nous attendra pas. We must be on time because the plane won't be waiting for us.

Être à la bourre

Meaning: To be late - To be in a rush

— Il est tout le temps à la bourre. Je pense qu'il le fait exprès. He's always late. I think he does it on purpose.

Être en retard

Meaning: To be late

— Essaye d'être à l'heure cette fois-ci, ne sois pas en retard comme la dernière fois. Try to be on time this time, don't be late like last time.

Être pressé(e)

Meaning: To be in a rush

— Dépêche-toi, on est pressés. Hurry up, we're in a rush.

Faire un bail

Literally: To make a lease

Meaning: Long time no see - It has been a while

— Ça fait un bail qu'on ne s'est pas vus ! Qu'est-ce que tu deviens ? It's been a while since we've seen each other! What are you becoming?

Il y a + time

Meaning: Time + ago

— Le facteur est passé il y a quelques minutes. The postman came by a few minutes ago.

Le temps c'est de l'argent

Meaning: Time is money

— Nous devons travailler plus vite. Le temps, c'est de l'argent. We need to work faster. Time is money.

Métro boulot dodo

Literally: Subway work sleep

Meaning: Same everyday

— Vivre en banlieue parisienne, c'est métro boulot dodo. Living in the suburbs of Paris is the same every day.

Mettre - Prendre (du temps) à faire quelque chose

Meaning: To take (time) to do something

— Ce travail va prendre de 2 à 3 heures à faire. This job will take 2 to 3 hours to do.

Mettre du temps

Literally: To put time

Meaning: To take time

— Sa jambe va mettre du temps à guérir. His leg will take time to heal.

Mieux vaut tard que jamais

Meaning: Better late than never

— Il a enfin compris ce que je lui disais. Mieux vaut tard que jamais. He finally understood what I was telling him. Better late than never.

Ne pas faire long feu

Literally: To not make a long fire

Meaning: To not last

— Ce commerce ne va pas faire long feu, le patron est tellement désagréable. This business won't last long, the boss is so unpleasant.

Prendre du bon temps

Literally: To take some good time

Meaning: To have a great time

— Ils ont pris du bon temps au lac cet été. They had a great time at the lake this summer.

Prendre du retard

Literally: To take some late time

Meaning: To be behind schedule - To be late

— On va prendre du retard si on ne part pas bientôt. We're going to be behind schedule if we don't leave soon.

Prendre fin

Literally: To take the end

Meaning: To come to an end - To end

— Il est temps que cette campagne politique prenne fin. It is time for this political campaign to end.

Prendre le temps de

Meaning: To take the time to

— Est-ce que tu as pris le temps de réfléchir à sa proposition ? Have you taken the time to think about his proposition?

Prendre son temps

Meaning: To take your time

— Prends ton temps, ce n'est pas comme si on était pressés. Take your time, it's not like we were in a rush.

Tomber à pic

Literally: To fall at pic

Meaning: To show at the right time

— Je ne trouvais pas mon chemin. Il est tombé à pic pour m'indiquer la route à suivre. I couldn't find my way. He was there at the right time to show me the way to go.

Un de ces quatre (matins)

Literally: One of those four mornings

Meaning: Soon enough - One of those days

— Ça fait longtemps que nous n'avons pas vu nos amis. Nous les verrons un de ces quatre matins. It's been a long time since we've seen our friends. We will see them soon enough.

EX. 11.1 *Choisissez entre être - prendre - mettre :*

AUDIO 11.2.

1. _____ à l'heure

2. _____ fin

3. _____ à la bourre

4. _____ le temps de

5. _____ pressé(e)

6. _____ (du temps) à faire quelque chose

7. _____ du bon temps

8. _____ en retard

9. _____ du temps

10. _____ son temps

EX. 11.2 *Récap - Ajoutez la bonne expression :*

AUDIO 11.3. 🔊

1. Ce magasin est ouvert _____ .

2. Il est parti du _____ et on ne l'a jamais revu.

3. Dépêche-toi, _____ .

4. _____ une semaine que ma voiture est en panne.

5. Ma vie est ennuyante, c'est _____ .

CHAPTER 12
LE TRAVAIL - Work

AUDIO 12.1. 🔊

Avoir du pain sur la planche

Literally: To have bread on the board

Meaning: To have a lot to do

— Mon mari et moi avons du pain sur la planche ce week-end. On doit préparer le jardin pour l'hiver.
My husband and I have a lot to do this weekend. We have to prepare the yard for winter.

Avoir le bras long

Literally: To have a long arm

Meaning: To have connections and influence - To be well-connected

— Cet homme politique a le bras long. Il ne sera jamais poursuivi par la justice.
This politician has many connections. He will never be prosecuted.

Bosser (familiar)

Meaning: To work

- Maman, il est où papa ? Mom, where is dad?
- Il est parti bosser ce matin. He left for work this morning.

Bosser comme un âne (familiar)

Literally: To work like a donkey

Meaning: To work hard

— Tu devrais prendre ta journée si tu te sens fatigué. Tu as bossé comme un âne. You should take your day if you feel tired. You worked hard.

Être à jour

Literally: To be at day

Meaning: To be up to date

— Est-ce que tous les documents sont à jour ? Are all documents up to date?

Être à la page

Literally: To be on the page

Meaning: To be up to date

— Le manager est à la page sur les nouveautés du printemps. The manager is up to date on the spring novelties.

Faire et défaire/refaire c'est toujours travailler

Meaning: Doing and undoing/redoing is always working

— Il y a beaucoup de fautes dans ta dissertation, mais ce n'est pas grave, faire et refaire c'est toujours travailler. There are many mistakes in your essay, but that's okay, doing and redoing is always working.

Faire grève

Meaning: To strike

— Les infirmiers et infirmières planifient de faire grève à partir de lundi. Nurses plan to strike from Monday.

Mettre à (la) disposition (de)

Meaning: To put at disposition

— La commune a mis à disposition un service de taxi pour les personnes âgées. The municipality has provided a taxi service for the elderly.

Mettre à jour

Meaning: To update

— Il faut mettre à jour tous nos papiers. We have to update all our papers.

Mettre à la porte

Literally: To put at the door

Meaning: To kick out

— Ils ont mis leur père à la porte car il ne voulait pas se faire aider pour ses problèmes. They kicked their father out because he didn't want help with his problems.

Mettre au placard

Literally: To put in the closet

Meaning: To remove someone's influence in the workplace

— Le manager a été mis au placard après avoir été accusé d'abus de pouvoir. The manager removed from his position after being accused of abuse of power

Mettre la clef sous la porte

Literally: To put the key under the door

Meaning: To go bankrupt - To go out of business

— Ce petit commerce a mis la clef sous la porte. This small business has gone out of business.

Prendre sa journée

Literally: To take a day

Meaning: To take a day off

— Tu devrais prendre ta journée si tu te sens fatiguée. You should take a day off if you feel tired.

Travailler d'arrache-pied

Meaning: To put a lot of efforts into work - To work tirelessly

— Il a construit cette maison tout seul. Il a vraiment travaillé d'arrache-pied. He built this house all by himself. He really worked tirelessly.

Travailler dur

Meaning: To work hard

— Il travaille dur pour se faire payer des heures supplémentaires et construire sa maison. He works hard to get paid overtime and build his house.

EX. 12.1 *Choisissez entre **bosser - avoir - être - faire - mettre - travailler** :*

AUDIO 12.2. 🔊

1. _____ à (la) disposition (de)
2. _____ du pain sur la planche
3. _____ la clef sous la porte
4. _____ comme un âne
5. _____ à la page
6. _____ à la porte
7. _____ au placard
8. _____ d'arrache-pied
9. _____ grève
10. _____ à jour

EX. 12.2 *Récap - Répondez aux questions personnellement :*

AUDIO 12.3. 🔊

1. Est-ce que vous êtes à jour dans votre travail ?

_____

2. Est-ce que vous travaillez dur ?

_____

3. Est-ce que vous avez pris votre journée récemment ?

_____

4. Est-ce que vous avez le bras long ?

_____

Notes :

CHAPTER 13
LE SOMMEIL - Sleep

AUDIO 13.1. 🔊

Avoir la flemme de (familiar)

Meaning: To not feel like doing something - To feel lazy

— On n'a rien fait du week-end. On avait vraiment la flemme. We did nothing all weekend. We were lazy.

Avoir le sommeil léger

Literally: To have a light sleep

Meaning: To be a light sleeper

— Je me réveille au moindre bruit. J'ai le sommeil léger. I wake up at the slightest noise. I am a light sleeper.

Avoir le sommeil lourd

Literally: To have a heavy sleep

Meaning: To be a heavy sleeper

— La maison peut trembler, elle ne se réveillera pas. Elle a le sommeil lourd. The house may shake, she won't wake up. She is a heavy sleeper.

Avoir sommeil

Literally: To have sleep

Meaning: To be sleepy

— J'ai sommeil car on est rentrés à 4 heures du matin. La nuit a été courte. I'm sleepy because we got home at 4 in the morning. The night was short.

Avoir un coup de pompe - de barre (familiar)

Literally: To be hit with a pump

Meaning: To feel drained

— Je vais prendre un café car j'ai un coup de pompe. I'm going to have a coffee because I'm feeling drained.

Compter les moutons

Meaning: Counting the sheep

- Je n'arrive pas à dormir, maman. I can't sleep, mom.
- Compte les moutons, ma chérie. Count the sheep, honey.

Dormir à la belle étoile

Literally: To sleep at the beautiful star

Meaning: To sleep outside - To sleep under the stars

— Nous sommes partis marcher en montagne. Nous avons dormi à la belle étoile. We went hiking in the mountains. We slept under the stars.

Dormir à poings fermés

Literally: To sleep with fists closed

Meaning: To sleep soundly

— Le bruit de la fête ne le réveille pas. Il dort à poings fermés. The noise of the party does not wake him up. He is sleeping soundly.

Dormir comme un bébé

Meaning: To sleep like a baby

— Il est rentré très fatigué du travail. Il dort comme un bébé. He came home very tired from work. He is sleeping like a baby.

Dormir comme un loir - comme une marmotte

Literally: To sleep like a marmot

Meaning: To sleep like a log

— Un cambrioleur pourrait vider la maison qu'il ne s'en rendrait pas compte. Il dort comme un loir. A burglar could empty the house that he would not realize it. He is sleeping like a log.

Dormir debout

Literally: To sleep standing up

Meaning: To be asleep on your feet

— Il est tellement fatigué qu'il dort debout. He is so tired that he is asleep on his feet.

Dormir sur ses deux oreilles

Literally: To sleep on your two ears

Meaning: To rest easy

— Le bébé peut pleurer, il ne se réveille pas. Il dort sur ses deux oreilles. The baby can cry, he does not wake up. He is resting easy.

Être crevé(e) (familiar)

Literally: To be flat - To be dead

Meaning: To be exhausted

— Ils ont couru un marathon hier, ils sont crevés. They ran a marathon yesterday, they're exhausted.

Être dans le cirage

Literally: To be in the polish

Meaning: To be sleepy - To have trouble to understand

— Je suis dans le cirage depuis que je me suis réveillée. I've been sleepy since I woke up.

Être dans les bras de Morphée

Literally: To be in the arms of Morpheus

Meaning: To be asleep

— Géraldine s'est déjà endormie. Elle est dans les bras de Morphée. Géraldine has already fallen asleep. She is asleep.

Faire la grasse matinée

Literally: To make a fat morning

Meaning: To sleep in

— Qu'est-ce qu'on fait ce week-end ? La grasse matinée et rien d'autre. What are we doing this weekend? Sleeping in and nothing else.

Faire une nuit blanche - passer une nuit blanche

Literally: To do - To spend a white night

Meaning: To have a sleepless night - To stay up

— Elle a fait une nuit blanche pour être certaine de réussir son examen. She stayed up all night to make sure she passed her exam.

La nuit porte conseil

Literally: The night brings advice

Meaning: To sleep on it

- Je ne sais pas ce que je dois faire. I don't know what to do.
- Dors. La nuit porte conseil. Sleep on it.

Le marchand de sable

Meaning: The Sandman

— Les enfants dorment. Le marchand de sable est passé. The children are sleeping. The sandman came by.

Ne dormir que d'un œil

Literally: To only sleep with one eye

Meaning: To be a light sleeper

— Notre chien sait tout ce qui se passe dehors. Il ne dort que d'un œil. Our dog knows everything that's going on outside. He is a light sleeper.

EX. 13.1 *Choisissez une des expressions ci-dessous et ajoutez-la à la bonne phrase :*

AUDIO 13.2.

La nuit porte conseil – dort debout – dormir à la belle étoile – ne dort que d'un œil – dort comme un bébé – a un coup de pompe – a sommeil – le marchand de sable – dormais sur ses deux oreilles – a passé une nuit blanche

1. Elle n'arrête pas de bailler. Je pense qu'elle _____.

2. On _____ pour étudier.

3. Tu devrais aller au lit au lieu de te tracasser. _____.

4. Depuis qu'ils ont été cambriolés, il _____.

5. J'ai des insomnies depuis plusieurs années. J'aimerais avoir une conversation avec _____.

6. Boire du café quand on _____ n'est pas très utile.

7. Il n'y a rien de mieux que de _____ quand il fait beau.

8. Impossible de le réveiller. Il _____.

9. Je n'ai pas entendu l'orage, je _____.

10. Il a l'air exténué. Il _____.

EX. 13.2 *Récap - Traduisez ces deux phrases en français :*

AUDIO 13.3. 🔊

Before I was a heavy sleeper, now I am a light sleeper. I like to sleep in but more often I just count sheep.

_____

_____

_____

CHAPTER 14
LA SANTÉ - Health

AUDIO 14.1. 🔊

Avoir la pêche

Literally: To have the peach

Meaning: To feel great

— Je suis bien reposé. J'ai la pêche ce matin. I am well-rested. I feel great this morning.

Avoir le mal de mer

Literally: To have the pain of the sea

Meaning: To be seasick

— Il ne faut pas avoir le mal de mer pour travailler sur un bateau. You don't have to be seasick to work on a boat.

Avoir mal

Literally: To have pain

Meaning: To be in pain

— J'ai mal à la tête. I have a headache.

Avoir mal au cœur

Literally: To have pain in heart

Meaning: To feel sick to one's stomach

— J'ai mal au cœur, je pense que je vais vomir. I feel sick; I think I'm going to vomit.

Avoir un Polichinelle dans le tiroir

Literally: To have a "Polichinelle" in the drawer

Meaning: To have a bun in the oven

— Sa petite-fille a un Polichinelle dans le tiroir mais elle est célibataire. Her granddaughter has a bun in the oven, but she is single.

Bon rétablissement

Meaning: Get well soon

— Je suis allé voir mon amie à l'hôpital pour lui souhaiter un bon rétablissement. I went to see my friend in the hospital to wish her to get well soon.

Être au bout du rouleau

Literally: To be at the end of the roll

Meaning: To come to the end of the road - To be at one wit's end

— Je suis au bout du rouleau avec ce travail. Il est temps qu'ils engagent plus d'employés. I'm at my wit's end with this job. It's about time they hire more employees.

Être au trente-sixième dessous

Literally: To be 36 under

Meaning: To be in a bad situation

— La dernière fois que je l'ai vu il était au trente-sixième dessous. The last time I saw him he was in a bad situation.

Manger les pissenlits par la racine

Literally: To eat dandelions by the root

Meaning: To push up the daisies

— Il a été enterré hier. Il mange les pissenlits par la racine. He was buried yesterday. He is pushing up the daisies.

Mieux vaut prévenir que guérir

Literally: It's better to prevent than to heal

Meaning: Better safe than sorry

— Fais attention où tu mets les pieds. Mieux vaut prévenir que guérir. Be careful where you step. Better safe than sorry.

Ne pas être dans son assiette

Literally: To not be in one's plate

Meaning: To not feel well

— Je ne sais pas si j'ai mangé quelque chose de pas frais mais je ne suis pas dans mon assiette. I don't know if I ate something wrong, but I'm not feeling well.

Ne pas faire de vieux os

Literally: To not make old bones

Meaning: To not make it to old age

— Si tu continues de fumer, tu ne feras pas de vieux os. If you keep smoking, you won't make it to old age.

Passer l'arme à gauche

Literally: To pass the weapon to the left

Meaning: To pass away

— La voisine est morte. Elle a passé l'arme à gauche ce matin. The neighbour passed away this morning.

Prends soin de toi - Prenez soin de vous

Meaning: Take care of yourself

- Je dois partir. J'espère qu'on se verra bientôt. I have to go. I hope to see you soon.
- Ok, prends soin de toi. OK, take care of yourself.

Reprendre du poil de la bête

Literally: To take back the hair of the beast

Meaning: To get back in health - in shape

— Il a été malade longtemps, mais il reprend du poil de la bête. He was sick for a long time, but he is getting back in health.

Se porter comme un charme

Literally: To carry yourself like a charm

Meaning: To be healthy

— J'ai vu Fred ce matin, il va très bien. Il se porte comme un charme. I saw Fred this morning, he is very well. He is healthy.

EX. 14.1 *Trouvez les synonymes parmi les expressions ci-dessus :*

AUDIO 14.2. 🔊

1. Il est en forme - _____

2. Elle est enceinte - _____

3. Il ne se sent pas bien - _____

4. Il est décédé - _____

5. Elle ne se sent pas bien en bateau - _____

EX. 14.2 *Récap - Choisissez un élément dans chaque colonne et formez une phrase :*

AUDIO 14.3. 🔊

Les employés sont au bout du rouleau,	depuis mon opération.
Fais du sport sinon	tu ne feras pas de vieux os.
J'ai mal au bras	il se porte comme un charme.
Elle a vu son ex-mari,	devrait t'aider à reprendre du poil de la bête.
Prendre des vitamines	ils sont tous prêts à démissionner.

_____

_____

_____

_____

_____

Notes :

CHAPTER 15
Incluant des ALIMENTS
Including Food

AUDIO 15.1. 🔊

Aller se faire cuire un œuf (familiar)

Literally: To go get yourself a cooked egg

Meaning: To get lost

— Tu peux aller te faire cuire un œuf si tu n'es pas content. Get lost if you're not happy.

Appuyer sur le champignon

Literally: To push on the mushroom

Meaning: To accelerate - To speed up

— Tu peux encore gagner la course. Appuie sur le champignon. You can still win the race. Accelerate.

Arriver/tomber comme un cheveu sur la soupe

Literally: To arrive/To fall like a hair on the soup

Meaning: To turn up at a very awkward moment - at the worst time

— Elle est arrivée comme un cheveu sur la soupe. She came at the worst time.

Avoir la pêche – Avoir la banane - Avoir la patate - Avoir la frite

Literally: To have the peach - the banana - the potato - the frie

Meaning: To be happy - To feel great

— J'ai la pêche depuis que je sais qu'on part en vacances bientôt. I have felt great since I know we're going on vacation soon.

Avoir le cul bordé de nouilles (familiar)

Literally: To have your ass rimmed with noodles

Meaning: To be lucky

— Il a toujours tout ce qu'il veut. Il a le cul bordé de nouilles. He always has everything he wants. He is lucky.

Avoir un œil au beurre noir

Literally: To have an eye in black butter

Meaning: To have a black eye

— Tu t'es battu ? Tu as un œil au beurre noir. Did you fight? You have a black eye.

C'est du gâteau

Literally: It's cake

Meaning: It's a piece of cake

- Est-ce que tu pourrais faire voler cet avion ? Could you fly this plane?
- Oui, c'est du gâteau. Yes, it's a piece of cake.

C'est la cerise sur le gâteau

Literally: That's the cherry on the cake

Meaning: That's the cherry on top - That's the icing on the cake

—— Non seulement tu as de mauvaises notes, mais en plus tu as de mauvaises remarques. C'est la cerise sur le gâteau. Not only do you get bad grades, but you also get bad remarks. This is the cherry on top.

C'est la fin des haricots

Literally: It's the end of the beans

Meaning: There is nothing left - It's the end

—— On n'a plus d'argent, c'est la fin des haricots. We have no more money, there is nothing left.

Ce n'est pas de la tarte

Literally: It's not some pie

Meaning: It's not easy

—— Ce puzzle ce n'est pas de la tarte ! This puzzle is no pie!

Ce n'est pas ma tasse de thé

Meaning: It's not my cup of tea

- Papa, est-ce que tu peux m'expliquer la géométrie ? Dad, can you explain the geometry to me?
- Non, ce n'est pas ma tasse de thé. No, It's not my cup of tea.

Ce n'est pas tes oignons

Literally: It's not your onions

Meaning: It's none of your business

—— À ce que je sache, mes finances ne sont pas tes oignons. As far as I know, my finances are none of your business.

Compter pour des prunes - du beurre

Literally: To count for plums - for butter

Meaning: To count for nothing - To not count for much

—— Je suis d'accord de jouer avec vous au Poker, mais seulement si cela compte pour du beurre. I'm ok with playing poker with you, but only if it doesn't count.

Cracher dans la soupe

Literally: To spit in the soup

Meaning: To bite the hand that feeds you

—— Je lui ai tout donné, et maintenant elle crache dans la soupe comme si je n'avais jamais rien fait pour elle. I gave her everything, and now she's biting the hand that feeds her like I never did anything for her.

En faire tout un fromage

Literally: To make a whole cheese out of something

Meaning: To make a big deal out of something

— La presse fait tout un fromage de la liaison de cet homme politique. The press makes a big deal of this politician's affair.

Être aux petits oignons

Literally: To be at the little onions

Meaning: To be mindful - To do something with much attention - To do something mindfully

— Il est toujours aux petits oignons pour sa femme et ses enfants. He is always mindful of his wife and children.

Être haut(e) comme trois pommes

Literally: To be as tall as three apples

Meaning: To be knee-high

— La dernière fois que je t'ai vu tu étais haut comme trois pommes. The last time I saw you, you were knee-high.

Être long comme un jour sans pain

Literally: To be as long as a day without bread

Meaning: To have a long day

— Cette journée est interminable, c'est long comme un jour sans pain. This day is endless, "it's as long as a day without bread."

Être serrés comme des sardines

Literally: To be packed like sardines

Meaning: To be crammed in like sardines

— Ta voiture est toute petite. Nous sommes serrés comme des sardines à l'arrière. Your car is very small. We are crammed like sardines at the back.

Être soupe au lait

Literally: To be soup with milk

Meaning: To be susceptible

— Tu es un peu soupe au lait aujourd'hui. Tu as mal dormi ? You're a bit susceptible today. Did you sleep poorly?

EX. 15.1 *Trouvez les <u>antonymes</u> parmi les expressions ci-dessus :*

AUDIO 15.2. 🔊

1. Ce n'est pas facile - _____

2. Ralentir - _____

3. Compter pour beaucoup - _____

4. Quelque chose que j'adore - _____

5. Ne pas être chanceux - _____

Faire chou blanc

Literally: To make white cabbage

Meaning: To go nowhere - To not succeed - To not have a positive outcome

— Je suis allé à la bibliothèque pour emprunter ce livre mais j'ai fait chou blanc. I went to the library to borrow this book but they didn't have it.

Faire le poireau

Literally: To do the leek

Meaning: To wait

— Cela fait des heures qu'il fait le poireau devant la maison. It's been hours that he's been waiting in front of the house.

Faire une boulette (familiar)

Literally: To make a meatball

Meaning: To make a mistake

— Je viens de faire une boulette, ça va être difficile à réparer ! I just made a mistake, it's going to be hard to fix!

La pomme ne tombe pas loin de l'arbre

Meaning: To apple doesn't fall far from the tree

— C'est ta fille. Elle a le même caractère que toi. La pomme ne tombe pas loin de l'arbre. It's your daughter. She has the same character as you. The apple does not fall far from the tree.

La vie est trop courte pour boire du mauvais vin

Literally: Life is too short to drink bad wine

Meaning: Life is too short to make bad choices

— Arrête de t'inquiéter comme ça. La vie est trop courte pour boire du mauvais vin. Stop worrying like that. Life is too short to make bad choices.

Les carottes sont cuites

Literally: The carrots are cooked

Meaning: It's all over

— Les militaires ont réussi à entrer dans la ville. Les carottes sont cuites. The soldiers managed to enter the city. It's all over.

Mettre de l'eau dans son vin

Literally: To put water in his wine

Meaning: To tone it down

— Je sais que tu n'aimes pas ton oncle mais il va falloir que tu mettes de l'eau dans ton vin lorsqu'il sera là. I know you don't like your uncle, but you'll have to tone it down when he's around.

Mettre du piment dans sa vie

Meaning: To spice up your life

— Elle s'est acheté de la lingerie. Elle aime mettre du piment dans sa vie. She bought herself lingerie. She likes to spice up her life.

Mettre tous ses œufs dans le même panier

Meaning: To put all your eggs in the same basket

— C'est bien d'investir mais il ne faut pas mettre tous ses œufs dans le même panier. Investing is good, but don't put all your eggs in one basket.

Porter ses fruits

Literally: To carry your fruits

Meaning: To pay off - To bear fruit

— Nos efforts ont porté leurs fruits. Nous avons réussi à développer notre activité. Our efforts have paid off. We managed to grow our business.

Prendre le melon

Literally: To take the melon

Meaning: To have a big head

— Depuis que Jack a reçu une augmentation, il a pris le melon. Since Jack got a raise, he has a big head.

Quel navet

Literally: What a turnip

Meaning: What a load of trash

— Le film que nous avons vu au cinéma était très mauvais. Quel navet ! The movie we saw at the cinema was very bad. What a load of trash!

Raconter des salades

Literally: To tell salads

Meaning: To lie

- Je n'ai rien volé. Quelqu'un l'a mis dans ma poche. I didn't steal anything. Someone put it in my pocket.
- Arrête de nous raconter des salades. On te voit sur les vidéos. Stop lying. We see you in the videos.

Ramener sa fraise (familiar)

Literally: To bring your strawberry

Meaning: To give your unwanted opinion

— On dirait qu'il sait tout. Il est toujours en train de ramener sa fraise. Looks like he knows everything. He's always giving his opinion.

S'occuper de ses oignons

Literally: To take care of your onions

Meaning: To mind your own business

— Il s'occupe toujours de mes affaires. Il ferait mieux de s'occuper de ses oignons. He is always getting involved. He better minds his own business.

Sabler le Champagne

Meaning: To crack open a bottle of Champagne

— Il boit plus que tous les autres réunis. Il sait même sabler le champagne. He drinks more than all the others put together. He even knows how to crack open champagne.

Se faire rouler dans la farine

Literally: To be rolled in the flour
Meaning: To be taken advantage of

— Je connais quelqu'un qui s'est fait rouler dans la farine après avoir répondu à un email. I know someone who got taken advantage of after answering an email.

Se vendre comme des petits pains

Literally: To sell like little breads
Meaning: To sell quickly - To sell like hot cakes

— Le nouveau modèle d'iPhone s'est vendu comme des petits pains. The new iPhone model sold like hot cakes.

Tirer les marrons du feu

Literally: To pull the chestnuts from the fire
Meaning: To reap the benefits of

— Ils ont travaillé ensemble sur le projet. Mais, c'est lui qui en a tiré les marrons du feu. They worked on the project together. But it was he who reaped the benefits of it.

Tomber dans les pommes

Literally: To fall into apples
Meaning: To faint

— J'ai fait un malaise après la course. Je suis tombé dans les pommes. I felt unwell after the race. I fainted.

EX. 15.2 *Corrigez les phrases ci-dessous si besoin :*

AUDIO 15.4. 🔊

1. Il faut mettre du paprika dans sa vie de temps en temps.

_____

2. La pêche ne tombe pas loin de l'arbre.

_____

3. On n'a rien trouvé. On a fait brocoli.

_____

4. Il me raconte toujours des laitues. Je ne sais pas si je peux lui faire confiance.

_____

5. Elle est tombée dans les arbres car elle n'a rien mangé ce matin.

_____

6. J'ai fait une poulette, je ne sais pas quoi faire !

_____

7. Il n'y a plus rien à faire. Les carottes sont cassées.

_____

8. Tu vas prendre la pastèque si tu continues comme ça.

_____

9. Les personnes âgées se font souvent rouler dans le beurre.

_____

10. Occupe-toi de tes frites et laisse-moi tranquille.

_____

EX. 15.3 *Récap - Répondez aux questions personnellement avec V (vrai) ou F (faux) :*
AUDIO 15.5. 🔊

1. _____ - Vous avez déjà eu un œil au beurre noir.
2. _____ - Vous êtes aux petits oignons pour votre partenaire / ami / famille.
3. _____ - Vous avez fait une boulette récemment.
4. _____ - Vous racontez parfois des salades.
5. _____ - Vous êtes soupe au lait.
6. _____ - Ça vous ennuie de faire le poireau.
7. _____ - Vous savez mettre de l'eau dans votre vin.
8. _____ - Votre apprentissage du français porte ses fruits.
9. _____ - Vous savez sabler le champagne.
10. _____ - Vous êtes déjà tombé dans les pommes.

Notes :

CHAPTER 16
Incluant les PARTIES DU CORPS
Including Body Parts

AUDIO 16.1. 🔊

Aller à pied

Meaning: To go by foot

— Tu prends ta voiture ? Non, j'ai envie de marcher, je vais y aller à pied. Are you taking your car? No, I feel like walking, I'll go by foot.

Avoir bon dos

Literally: To have a good back
Meaning: To take the blame

— Ton chien a mangé ton devoir ? Ton chien a bon dos je pense ! Your dog ate your homework? Your dog is taking the blame, I think!

Avoir deux mains gauches

Literally: To have two left hands
Meaning: To be clumsy

— C'est préférable de ne pas lui donner d'outils coupants car il a deux mains gauches. It's best not to give him sharp tools because he is very clumsy.

Avoir la grosse tête

Literally: To have the big head
Meaning: To be full of oneself

— Il a toujours eu la grosse tête mais maintenant c'est encore pire. He has always been full of himself but now it's even worse.

Avoir la langue bien pendue

Literally: To have a well-hung tongue
Meaning: To gossip

— La voisine a la langue bien pendue. Elle se mêle toujours de ce qui ne la regarde pas. The neighbour is gossiping. She always interferes with what does not concern her.

Avoir le cœur sur la main

Literally: To have the heart in the hand
Meaning: To wear your heart on your sleeve - To be generous

— Elle se fait avoir souvent, elle a le cœur sur la main et les gens en profitent. She gets taken advantage of often, wears her heart on her sleeve, and people take advantage of it.

Avoir les chevilles qui enflent

Literally: To have swollen ankles

Meaning: To have a swelled head - To be too big for one's britches

— Il est tellement fier de lui qu'il en a les chevilles qui enflent. He is so proud of himself he is too big for one's britches.

Avoir les dents longues

Literally: To have long teeth

Meaning: To be ambitious

— Il est ambitieux, il a les dents longues. Rien n'est jamais assez pour lui. He is ambitious; he has long teeth. Nothing is ever enough for him.

Avoir les oreilles qui sifflent

Meaning: To have ringing ears (someone is talking about you)

— On parle d'elle depuis des heures, elle doit avoir les oreilles qui sifflent. We've been talking about her for hours, she must have ringing ears.

Avoir pied

Literally: To have foot

Meaning: To be able to touch the bottom (in the water)

— Reste où tu as pied comme ça tu ne risques rien. Stay where you can touch the bottom so you don't risk anything.

Avoir quelque chose sur le bout de la langue

Meaning: To have something on the tip of your tongue

— Je n'arrive pas à me rappeler son nom. Je l'ai sur le bout de la langue. I can't remember his name. I have it on the tip of my tongue.

Avoir un cheveu sur la langue

Literally: To have a hair on the tongue

Meaning: To lisp

— Son fils a un cheveu sur la langue depuis qu'il est né. Il est suivi par un thérapeute. Her son slips since he was born. A therapist follows him.

Avoir un couteau sous la gorge

Literally: To have a knife under the throat

Meaning: To have a gun to one's head

— Il ne t'a pas mis le couteau sous la gorge pour signer les papiers. Tu les as signés de toi-même. He didn't put a gun to your head to sign the papers. You signed them yourself.

Avoir un poil dans la main

Literally: To have a hair in your hand

Meaning: To be lazy

— Il ne travaille plus depuis longtemps déjà. Il a un poil dans la main. He hasn't worked for a long time. He is lazy.

Avoir une dent contre quelqu'un

Literally: To have a tooth against someone

Meaning: To have a grudge against someone

— Ils ont une dent contre cette équipe car ils les ont battus la saison dernière. They have a grudge against this team because they beat them last season.

C'est le pied

Literally: It's the foot

Meaning: It's great

— Les vacances à la mer, c'est le pied ! Holidays by the sea, it's great!

Casser du sucre sur le dos de quelqu'un

Literally: To break sugar on the back of someone

Meaning: To gossip about someone

— Je ne lui fais pas confiance. Elle casse toujours du sucre sur mon dos auprès de mes amis. I don't trust her. She always gossips on my back with my friends.

Casser les pieds de quelqu'un

Literally: To break someone's feet

Meaning: To put on someone's nerves

— Elle est toujours en train de faire la maligne. Elle me casse les pieds. She's always playing smart. She puts on my nerves.

Changer son fusil d'épaule

Literally: To change your rifle of shoulder

Meaning: To change your mind

— Ce que tu fais ne fonctionne pas. Tu devrais changer ton fusil d'épaule. What you're doing isn't working. You should change your mind.

Connaître quelque chose sur le bout des doigts

Literally: To know something at your fingertips

Meaning: To know something like the back of your hand

— Elle sait réciter sa poésie. Elle la connaît sur le bout des doigts. She knows how to recite her poetry. She knows it like the back of her hand.

Couper l'herbe sous le pied de quelqu'un

Literally: To cut the grass under someone's foot

Meaning: To pull the rug out from under someone

— Elle devait conclure le contrat avec cette société, mais un client est venu proposer plus et a signé. Il lui a coupé l'herbe sous le pied. She was supposed to make the contract with this company, but a client came up to offer more and signed. He pulled the rug out from under her.

EX. 16.1 *Trouvez la bonne fin :*

AUDIO 16.2. 🔊

1. Il est maladroit, il a deux _____.

2. Tu es trop gentille. Tu as toujours le cœur sur _____.

3. Tu n'as pas remarqué ? Il a un cheveu sur _____.

4. Tu me casses _____ !

AUDIO 16.3. 🔊

De l'huile de coude

Meaning: Elbow grease

— Pour nettoyer, tout ce dont on a besoin c'est du temps et de l'huile de coude. To clean up, all you need is time and some elbow grease.

Défendre quelque chose bec et ongles

Literally: To defend something beak and nails

Meaning: To defend something tooth and nail

— Son idée lui tient à cœur. Il la défend bec et ongles. His idea is close to his heart. He defends it tooth and nail.

Donner un coup de main - un coup de pouce

Meaning: To lend a hand - a thumb

— J'ai donné un coup de main au voisin pour monter sa charpente. I lend the neighbour a hand to mount his frame.

Être à deux doigts de faire quelque chose

Literally: To be two fingers away from doing something

Meaning: To be on the verge of doing something

— Quand je l'ai vu ce matin, il était à deux doigts de démissionner. When I saw him this morning, he was this close to quitting.

Être bête comme ses pieds

Literally: To be as stupid as your feet

Meaning: To be as dumb as a rock

— Tu veux que j'aille boire un verre avec Luc ? Tu sais qu'il est bête comme ses pieds ? Do you want me to have a drink with Luc? You know he is as dumb as a rock?

Être comme cul et chemise

Literally: To be like bottom and shirt

Meaning: To be always together

— Mes deux chiens sont comme cul et chemise. Ils ne se séparent jamais. My two dogs are always together. They never separate.

Être dur(e) d'oreille

Literally: To be hard of ear

Meaning: To be hard of hearing

— Il est dur d'oreille, il n'entendra pas ce qu'on dit. He's hard of hearing, he won't hear what we're talking about.

Être né(e) avec une cuillère en argent dans la bouche

Meaning: To be born with a silver spoon in your mouth

— Il a toujours vécu dans l'opulence et a hérité d'un véritable empire. Il est né avec une cuillère en argent dans la bouche. He has always lived in opulence and inherited a real empire. He was born with a silver spoon in his mouth.

Être pris la main dans le sac

Literally: To be taken hand in bag

Meaning: To be caught red-handed

— Il ne devrait pas nier, il a été pris la main dans le sac. He shouldn't deny he was caught red-handed.

Être uni(e)s comme les deux doigts de la main - Être comme les doigts de la main

Literally: To be united like the two fingers of the hand

Meaning: Two people being inseparable

— Mes cousins sont comme les deux doigts de la main, ils ne se quittent jamais. My cousins are inseparable, they never leave each other.

Faire chaud au cœur

Meaning: To warm the heart

— Ça me fait chaud au cœur de voir que tu utilises toujours la machine à coudre de ta grand-mère. It warms my heart to see that you are still using your grandmother's sewing machine.

Faire des pieds et des mains

Literally: To make feet and hands

Meaning: To go out of one's way

— Elle a toujours fait des pieds et des mains pour obtenir ce qu'elle voulait. She always went out of her way to get what she wanted.

Faire dresser les cheveux sur la tête

Meaning: To make the hair on your head stand on end

— Elle était en retard, cela m'a fait dresser les cheveux sur la tête. She was late, it made my hair stand on end.

Faire froid dans le dos

Literally: To make cold in the back

Meaning: To scare - To send shivers down the spine

— Ce film nous a fait froid dans le dos. On a même eu du mal à dormir. This film sent shivers down our spines. We even had trouble sleeping.

Faire la sourde oreille

Literally: To do the deaf ear

Meaning: To turn a deaf ear

— Est-ce que tu entends ce que je dis ou tu fais la sourde oreille ? Do you hear what I'm saying, or are you turning a deaf ear?

Faire les gros yeux à quelqu'un

Literally: To make the big eyes to someone

Meaning: To glare at someone - To roll eyes at someone

— J'ai vu ma mère me faire les gros yeux quand j'ai accepté une deuxième sucette. I saw my mother roll her eyes when I accepted a second lollipop.

Faire les pieds à quelqu'un

Literally: To make someone's feet

Meaning: To teach someone a lesson

— Ça te fera les pieds si tu tombes de l'arbre. That will teach you a lesson if you fall from the tree

Faire quelque chose les doigts dans le nez

Literally: To do something with the fingers in the nose

Meaning: To do something with ease

— Elle a passé son examen les doigts dans le nez. Elle a une bonne mémoire. She passed her exam easily. She has a good memory.

Faire quelque chose sur un coup de tête

Meaning: To do something on a whim

— Il a décidé de partir une semaine en Suède sur un coup de tête. He decided to go to Sweden for a week on a whim.

Faire ses dents

Literally: To make teeth

Meaning: To teeth

— Ma fille fait ses dents donc on ne dort pas beaucoup en ce moment. My daughter is teething, so we don't sleep much at the moment.

Faire un enfant dans le dos de quelqu'un

Literally: To make a child in the back of someone

Meaning: To cheat and get someone else pregnant

— Mon oncle a fait un enfant dans le dos de ma tante il y a plusieurs années. Elle ne l'a appris que récemment et elle a demandé le divorce. My uncle got someone else pregnant behind my aunt's back several years ago. She only found out recently, and she filed for divorce.

EX. 16.2 *Choisissez entre faire ou être :*

AUDIO 16.4. 🔊

1. _____ à deux doigts de
2. _____ ses dents
3. _____ bête comme ses pieds
4. _____ comme cul et chemise
5. _____ des pieds et des mains
6. _____ les gros yeux à quelqu'un
7. _____ dur(e) d'oreille
8. _____ né(e) avec une cuillère en argent dans la bouche
9. _____ froid dans le dos
10. _____ quelque chose les doigts dans le nez

AUDIO 16.5. 🔊

Faire une belle jambe

Literally: To make a beautiful leg

Meaning: To be useless - Doesn't help

— Ça me fait une belle jambe tout ce que tu me racontes mais ça ne m'aide pas. Everything you are telling me, isn't helping.

Garder la tête froide

Meaning: To stay cool-headed

— Il est pilote de chasse. Il sait garder la tête froide en toutes circonstances. He is a fighter pilot. He knows how to keep a cool head in all circumstances.

Jeter un coup d'œil

Literally: To throw an eye

Meaning: To take a look at - To peek

— Elle a jeté un coup d'œil dans la cuisine, a vu qu'il n'y avait personne, et a vidé le frigo. She peeked into the kitchen, saw no one was there, and emptied the fridge.

Les dents du bonheur

Literally: Happiness teeth

Meaning: Gap between the front teeth

— J'ai payé un appareil dentaire à ma fille. Elle en avait assez d'avoir les dents du bonheur. I paid for braces for my daughter. She was tired of having a gap between her front teeth.

Manger dans la main de quelqu'un

Literally: To eat in someone's hand

Meaning: To be wrapped around someone's little finger

— Le patron a trouvé un accord avec les syndicats. Tous les employés lui mangent dans la main depuis. The boss has reached an agreement with the unions. Every employee has been wrapped around someone's little finger since.

Mettre du baume au cœur

Literally: To put balm to the heart

Meaning: To heal the pain

— Elle est partie en vacances après sa rupture, ça lui a mis du baume au cœur. She went on vacation after her breakup; it healed the pain.

Mettre la main à la pâte

Literally: To put the hand in the dough

Meaning: To lend a hand

— Tu ne veux pas mettre la main à la pâte au lieu de me regarder ? Won't you lend me a hand instead of watching me?

Mettre la main sur quelque chose

Literally: To put the hand of something

Meaning: To get your hand on something

— Ce collectionneur a mis la main sur une pièce rare. This collector got his hands on a rare coin.

Mettre la puce à l'oreille

Literally: To put a flea in the ear

Meaning: To put an idea on someone's head - To give a hint

— Mon chat n'arrêtait pas de se secouer la tête. Ça m'a mis la puce à l'oreille donc je l'ai mené chez le vétérinaire. My cat kept shaking his head. It gave me a hint, so I took him to the vet.

Mettre le doigt sur quelque chose

Meaning: To put the fingers on something

— Je sais que quelque chose n'est pas normal mais je n'arrive pas à mettre le doigt dessus. I know something is wrong, but I can't quite put my finger on it.

Mettre les pieds dans le plat

Literally: To put the feet in the dish

Meaning: To put one's foot in one's mouth

— Essaye de ne pas mettre les pieds dans le plat, il n'est pas encore au courant de la nouvelle. Try not to put your foot in your mouth; he is not aware of the news yet.

Mettre son nez dans quelque chose

Literally: To put his nose into something

Meaning: To stick your nose in

— Ce n'est pas bien de mettre son nez dans les affaires des autres. It's not good to stick your nose into other people's business.

Mettre sur pied

Literally: To put on foot

Meaning: To arrange - To put together

— Mes amies ont mis sur pied un voyage en une soirée. My friends have put together a trip in one evening.

Mon œil !

Literally: My eye!

Meaning: Yeah right! (Sarcasm)

- En cinq minutes, j'ai gagné le concours. In five minutes, I won the contest.
- Mon œil ! Yeah right!

Mon petit doigt me dit

Literally: My little finger is telling me

Meaning: A little bird told me

- Comment tu le sais ? Je ne l'ai dit à personne. How do you know? I didn't tell anyone.
- C'est mon petit doigt qui me l'a dit. A little bird told me.

Motus et bouche cousue

Meaning: Keep it under your hat

— On ne doit rien dire. Restons motus et bouche cousue. We don't have to say anything. Let's keep it under our hat.

N'en faire qu'à sa tête

Literally: To only do for our head

Meaning: Only think of himself

— Elle n'en fait toujours qu'à sa tête, peu importe ce que je dise ! She always does as she pleases, no matter what I say!

Ne pas arriver à la cheville de quelqu'un

Literally: To not get to someone's ankle

Meaning: To not measure up to someone

— Il a essayé de la battre, mais il n'a pas réussi. Il ne lui arrive pas à la cheville. He tried to beat her, but he couldn't. It doesn't measure up to her.

Ne pas avoir froid aux yeux

Literally: To not have cold eyes

Meaning: To be adventurous - To not be shy

— Mon oncle adore tout ce qui est dangereux. Je dois dire qu'il n'a pas froid aux yeux. My uncle loves anything dangerous. I must say that he is not shy.

Ne pas avoir sa langue dans sa poche

Literally: To not have your tongue in your pocket

Meaning: To be outspoken - To be frank

— Tu le connais, il n'a pas sa langue dans sa poche. You know him; he is very outspoken.

EX. 16.3 *Choisissez l'expression qui convient le mieux à la phrase :*

AUDIO 16.6. 🔊

1. _____, je ne le dirai à personne.
   Mon œil - Motus et bouche cousue

2. Cela devrait lui _____ mais non.
   mettre la puce à l'oreille - les murs ont des oreilles

3. Si tu veux que ça aille plus vite, viens _____.
   mettre la main à la pâte - mettre la main sur quelque chose

4. Est-ce que tu peux _____ à mon ordinateur ?
   ne pas avoir froid aux yeux - jeter un coup d'œil

5. Ils _____ un marathon en seulement quelques mois.
   ont mis sur pied - ont fait une belle jambe

AUDIO 16.7. 🔊

Ne pas savoir sur quel pied danser

Literally: To not know which foot to dance on

Meaning: To not know where to stand

— Entre sa mère et sa femme, il ne sait plus ce qu'il doit, ou ne doit pas dire. Il ne sait plus sur quel pied danser. Between his mother and his wife, he no longer knows what he should or should not say. He no longer knows where to stand.

Obéir au doigt et à l'œil

Literally: To obey at finger and eye

Meaning: To do exactly what you are told

— J'ai dressé mon chien. Il m'obéit au doigt et à l'œil. I trained my dog. He does exactly what he is told.

Prendre en main

Literally: To take in hand

Meaning: To take charge

— Si tu pouvais prendre en main les décisions pour les prochains mois ça serait vraiment bien. If you could take charge of the decisions for the next few months, that would be good.

Prendre la tête à quelqu'un

Literally: To take someone's else head

Meaning: To be annoying to someone - To piss off someone

— Mon copain me prend la tête. Il veut que je lui prête mon nouveau jeu vidéo. My boyfriend is pissing me off. He wants me to lend him my new video game.

Prendre ses jambes à son cou

Literally: To take your legs to your neck

Meaning: To run away

— Le voleur a pris ses jambes à son cou après avoir entendu les sirènes. The thief ran away after hearing the sirens.

Prendre son courage à deux mains

Literally: To take your courage in both hands
Meaning: To work up the courage to do something

— Il a pris son courage à deux mains et a demandé à sa collègue d'aller prendre un verre. He worked up the courage and asked his colleague to go for a drink.

Prendre son pied

Literally: To take your foot
Meaning: To take pleasure doing something - To have intercouse - To get off on something

— On a passé l'après-midi à jouer aux jeux vidéo, on a pris notre pied. We spent the afternoon playing video games, we got off on it.

S'y prendre comme un pied

Literally: To take it like a foot
Meaning: To do a poor job

— On ne cuit pas les œufs de cette façon. Tu t'y prends comme un pied. We don't cook eggs this way. You are doing a poor job.

Sauter aux yeux

Literally: To jump to your eyes
Meaning: To be obvious

— Il s'est trompé. Cela saute aux yeux. He was wrong. It is obvious.

Se creuser la tête

Literally: To dig your head
Meaning: To rack one's brain

— Les employés de SpaceX ont dû se creuser la tête pour résoudre tous les problèmes de leur fusée. SpaceX employees had to rack their brains to solve all the problems with their rocket.

Se faire la main

Literally: To make yourself the hand
Meaning: To get used to something

— Il faut que tu te fasses la main avant de devenir professionnel. You have to get used to it before turning professional.

Se faire tirer l'oreille

Literally: To have your ear pulled
Meaning: To be grounded

— Tu vas te faire tirer les oreilles si tu n'écoutes pas. You'll be grounded if you don't listen.

Se lever du pied gauche

Literally: To get up with your left foot

Meaning: To wake up in a bad mood - To wake up on the wrong side of the bed

— Elle est de très mauvaise humeur. Elle s'est levée du pied gauche ce matin. She is in a very bad mood. She woke up on the wrong side of the bed this morning.

Se mettre à plat ventre

Meaning: To lay down on your stomach

— Les employés de la banque se sont mis à plat ventre pour éviter de possibles coups de feu. The bank employees got down on their stomachs to avoid possible gunfire.

Se mettre le doigt dans l'œil

Literally: To put the finger in your eye

Meaning: To be kidding yourself

— Si elle pense réussir son année, elle se met le doigt dans l'œil. If she thinks she's passing this year, she's kidding herself.

Se mettre quelqu'un à dos

Literally: To put someone on your back

Meaning: To antagonize someone

— La seule chose que tu vas réussir c'est de te mettre tout le monde à dos. The only thing you're going to do is to antagonize everyone.

Se saigner aux quatre veines

Literally: To bleed yourself to the four veins

Meaning: To give it all

— Ils ont tout dépensé pour acheter leur maison. Ils se sont saignés aux quatre veines. They spent everything to buy their house. They gave it all.

Tenir la jambe de quelqu'un

Literally: To hold someone's leg

Meaning: To hold onto someone

— Il rentre tous les jours en retard. Sa copine n'arrête pas de lui tenir la jambe. He comes home late every day. His girlfriend keeps holding onto him.

Tirer les vers du nez de quelqu'un

Literally: To pull worms out of someone's nose

Meaning: To get someone to speak

— Elle essaye de savoir ce qu'il se passe chez nous. Elle tire les vers du nez aux enfants. She's trying to find out what's going on with us. She is trying to get the kids to speak.

Tirer par les cheveux

Literally: To be pulled by the hair

Meaning: To be far-fetched

— Les explications qu'elle a données pour justifier son retard n'ont aucun sens. Elles sont tirées par les cheveux. The explanations she gave to justify her delay make no sense. They are far-fetched.

Tomber sur le cul (familiar)

Literally: To fall on your butt

Meaning: To be surprised

— Quand il a vu les intérêts qu'il payait, il en est tombé sur le cul. When he saw the interest he was paying, he was surprised.

Tourner sept fois sa langue dans sa bouche

Literally: To turn your tongue seven times in your mouth

Meaning: To think before speaking

— Il a critiqué sa patronne devant sa secrétaire. Il ferait mieux de tourner sa langue sept fois dans sa bouche avant de parler. He criticized his boss in front of his secretary. He should think before he speaks.

EX. 16.4 *Corrigez les phrases ci-dessous si besoin :*

AUDIO 16.8.

1. Je ne sais jamais sur quel main danser avec lui.

   _____

2. Il lui a pris la jambe pour des histoires stupides.

   _____

3. Elle va encore prendre ses pieds à son cou comme d'habitude.

   _____

4. Prendre ton courage à deux bras et appelle-le.

   _____

5. Ça m'a sauté à la bouche tout de suite quand je les ai vus.

   _____

6. L'apprenti se fait les pieds sur la veille machine.

   _____

7. Je me suis fait tirer les cheveux par mon institutrice.

   _____

8. Tu te mets le pouce dans l'œil si tu penses qu'il va te rembourser.

   _____

9. Arrête de lui tenir la tête tout le temps comme ça.

   _____

10. Elle est tombée sur les pieds quand elle a appris qu'il était marié.

EX. 16.5 *Récap - Choisissez un élément dans chaque colonne et formez une phrase :*

AUDIO 16.9. 🔊

Rien que d'y penser,	ils sont toujours ensemble.
Il se creuse la tête mais	il ne trouve pas la réponse.
Arrête de casser du sucre	ça me fait froid dans le dos.
Mon petit doigt me dit	sur le dos des voisins.
Mes parents sont comme cul et chemise,	que tu n'as pas fini tes devoirs.

_____

_____

_____

_____

_____

CHAPTER 17
Incluant les ANIMAUX
Including Animals

Appeler un chat un chat

Literally: To call a cat a cat

Meaning: To call a spade a spade

— Elle dit les choses telles qu'elles sont. Elle appelle un chat un chat. She tells it like it is. She calls a spade a spade.

Avoir d'autres chats à fouetter

Literally: To have other cats to whip

Meaning: To have other fish to fry

— On doit y aller, on a d'autres chats à fouetter. We have to go; we have other fish to fry.

Avoir des fourmis quelque part

Literally: To have ants somewhere

Meaning: To have a part of your body falling asleep - To have a tingling

— Je me suis couché sur mon bras. J'ai des fourmis dans la main. I laid down on my arm. I have tingling in my hand.

Avoir du chien

Literally: To have dog

Meaning: To be attractive

— Son cousin a vraiment du chien, je ne sais même pas comment l'expliquer ! His cousin is attractive; I don't know how to explain it!

Avoir la chair de poule

Literally: To have chicken flesh

Meaning: To have goosebumps

— Ce film me donne la chair de poule ! This movie gives me goosebumps!

Avoir le cafard - Avoir le bourdon

Literally: To have the cockroach - the bumblebee

Meaning: To be depressed - To feel down

— Elle a le cafard depuis que son mari est parti en voyage d'affaires. She's been feeling down since her husband left on a business trip.

Avoir un caractère de cochon - de chien

Literally: To have a pig - a dog character

Meaning: To have a vile temper

— Je lui ai dit qu'il avait un caractère de cochon. Je savais que cela n'allait pas marcher entre eux. I told her he had a vile temper. I knew it wasn't going to work out between them.

Avoir un chat dans la gorge

Literally: To have a cat in the throat

Meaning: To have a frog in your throat

— Tu as un chat dans la gorge ? Est-ce que tu veux un bonbon pour la gorge ? Do you have a frog in your throat? Do you want throat pastilles?

Avoir une araignée au plafond

Literally: To have a spider on the ceiling

Meaning: To have a screw loose

— Elle est un peu bizarre oui. Elle a une araignée au plafond mais elle n'est pas méchante. She is a bit weird, yes. She has a screw loose, but she's not mean.

Avoir une mémoire d'éléphant

Literally: To have an elephant's memory

Meaning: To have a good memory

— Elle se souvient de tout ce qu'on lui dit. Elle a une mémoire d'éléphant. She remembers everything you say to her. She has a very good memory.

Ça ne casse pas trois pattes à un canard

Literally: It doesn't break three legs to a duck

Meaning: It's nothing out of the ordinary

- Ce qu'elle a fait est incroyable ! What she did is amazing!
- Bof, ça ne casse pas trois pattes à un canard. Okay, it's nothing out of the ordinary.

Chercher la petite bête

Literally: To search the little bug

Meaning: To nitpick

— Il a contrôlé toute la production en cherchant la petite bête. He controlled all the production while nitpicking.

Crier au loup

Meaning: To cry wolf

— À force de crier au loup pour tout et pour rien, lorsqu'il a vraiment eu besoin d'aide, personne n'est venu. By dint of crying wolf for everything and nothing, when he really needed help no one came.

Des larmes de crocodile

Meaning: Crocodile tears

— Elle a versé des larmes de crocodile à l'église. Elle est bien contente qu'il soit mort. She shed crocodile tears in church. She's glad he's dead.

Donner sa langue au chat

Literally: To give your tongue to the cat

Meaning: To give up - To have no idea - Cat got your tongue

- Devine ce que j'ai fait hier. Guess what I did yesterday.

- Je donne ma langue au chat. I have no idea.

Être à cheval sur

Literally: To be horse on

Meaning: To be a stickler - To stick to

— Il est à cheval sur les principes. He sticks to his principles.

Être comme chien et chat - S'entendre comme chien et chat

Literally: To be like dog and cat

Meaning: To not get along

— Mes voisins sont comme chien et chat. Ils ne se sont jamais entendus. My neighbours are like dogs and cats. They never got along.

Être comme un poisson dans l'eau

Literally: To be like a fish in the water

Meaning: To be comfortable

— Il est comme un poisson dans l'eau à son nouveau travail. On dirait qu'il y travaille depuis toujours. He's comfortable at his new job. It looks like he's been working there forever.

Être connu(e) comme le loup blanc

Literally: To be known like the white wolf

Meaning: To be well known

— Je suis allé à son école, tout le monde sait qui elle est. Elle est connue comme le loup blanc. I went to her school, everyone knows who she is. She is well known.

Être fait comme un rat

Literally: To be made like a rat

Meaning: To be caught

— Les enquêteurs ont toutes les informations dont ils ont besoin pour le coincer. Il est fait comme un rat ! Investigators have all the information they need to catch him. He's going to get caught!

Être le dindon de la farce

Literally: To be the turkey of the stuffing

Meaning: To be the fall guy

— Je t'avais dit que tu serais le dindon de la farce dans cette histoire. I told you you would be the fall guy in this story.

Être têtu(e) comme une mule

Literally: To be as stubborn as a mule

Meaning: To be stubborn

— On ne peut pas le faire changer d'avis. Il est têtu comme une mule. We can't make him change his mind. He is stubborn.

EX. 17.1 *Choisissez entre* **chat** *ou* **chien** :

AUDIO 17.2. 🔊

1. Il faut appeler un _____ un _____.

2. Ils ont toujours été comme _____ et _____.

3. Est-ce que tu as un verre d'eau ? J'ai un _____ dans la gorge.

4. Je dois y aller, j'ai d'autres _____ à fouetter.

5. Cette femme a du _____!

6. Il n'est pas facile, il a un caractère de _____.

7. Tu donnes ta langue au _____?

AUDIO 17.3. 🔊

Faire l'autruche

Literally: To do the ostrich

Meaning: To play the ostrich - To bury one's head in the sand

— Tu dois assumer tes problèmes et arrêter de faire l'autruche pour une fois. You must own up to your problems and stop burying your head in the sand for once.

Faire le singe

Literally: To do the monkey

Meaning: To act up

— Si tu n'arrêtes pas de faire le singe tu vas finir par te faire mal. If you don't stop acting up, you'll end up hurting yourself.

Faire mouche

Literally: To do fly

Meaning: To hit the mark - To succeed

— Voyant sa réaction quand tu as expliqué le problème, tu as dû faire mouche. You must have hit the mark, seeing his reaction when you explained the problem.

Finir en queue de poisson

Literally: To end in fishtail

Meaning: To fizzle out

— Les vacances avaient bien commencé, mais elles se sont finies en queue de poisson. The holidays had started well, but it fizzled out.

Il n'y a pas de quoi fouetter un chat

Literally: There's nothing to whip a cat about

Meaning: There is nothing to be worked up about

- Le petit a cassé la télécommande de la télévision. The kid broke the TV remote.
- Ce n'est pas grave. Il n'y a pas de quoi fouetter un chat. It's nothing. There is nothing to be worked up about.

Il n'y a pas un chat

Literally: There is no cat

Meaning: There is nobody

— Nous avons fait les courses lundi matin. Il n'y avait pas un chat dans le magasin. Nous étions tout seuls. We went shopping on Monday morning. There was no one in the store. We were all alone.

Il y a anguille sous roche

Literally: There is eel under rock

Meaning: There is something fishy

- Elle ne nous dit pas tout. She doesn't tell us everything.
- Oui, il y a anguille sous roche. There is something fishy.

La vache ! (familiar)

Meaning: Holy cow!

- Regarde ce qu'il a réussi à faire avec l'avion. Look what he managed to do with the plane.
- La vache ! Holy cow!

Les chiens ne font pas des chats

Literally: Dogs don't make cats

Meaning: The apple doesn't fall far from the tree

— Mon frère ressemble beaucoup à mon grand-père. Ils ont même le même travail. Les chiens ne font pas des chats. My brother looks a lot like my grandfather. They even have the same job. The apple doesn't fall far from the tree.

Manger du lion

Literally: To eat lion

Meaning: To be full of pep

- Il a terminé de creuser la tranchée en quatre heures. He finished digging the trench in four hours.
- Il a mangé du lion ! He is full of pep!

Mettre la charrue avant les bœufs

Literally: To put the plough before the cows

Meaning: To put the cart before the horse

— C'est facile de mettre la charrue avant les bœufs, mais avant de voir le résultat, il y a beaucoup de travail. It's easy to put the cart before the horse, but before seeing the result, there's much work.

Monter sur ses grands chevaux

Meaning: To get off your high horses

- Je ne suis pas d'accord ! I do not agree!
- Arrête de monter sur tes grands chevaux. Get off your high horse.

Ne pas avoir élevé/gardé les cochons ensemble

Literally: To not have raised/kept the pigs together

Meaning: Don't be too familiar with me

— Restez poli avec moi, nous n'avons pas gardé les cochons ensemble. Be polite to me, don't be too familiar.

Ne pas vendre la peau de l'ours avant de l'avoir tué

Literally: Don't sell the bear pelt until you've killed it

Meaning: Don't count your chickens before they hatch

- Il a fêté la réussite de son examen avant de recevoir les résultats. Finalement, il ne l'a pas eu. He celebrated passing his exam before receiving the results. In the end, he failed.
- Il ne faut jamais vendre la peau de l'ours avant de l'avoir tué. You must never count your chickens before they hatch.

Noyer le poisson

Literally: To drown the fish

Meaning: To cloud the issue

— Il a tellement parlé qu'on en a oublié le sujet de la réunion. Il a noyé le poisson, pour ne pas avoir à traiter le véritable problème. He talked so much that we forgot the subject of the meeting. He clouded the issue, so as not to have to deal with the real problem.

Parler français comme une vache espagnole

Literally: To speak French like a Spanish cow

Meaning: To speak a broken French

— Il est en train d'apprendre la langue. Pour le moment, il parle français comme une vache espagnole. He is learning the language. For the moment, he speaks a broken French.

Passer du coq à l'âne

Literally: To go from rooster to donkey

Meaning: To be all over the place

— On ne comprend rien à son histoire. Il passe du coq à l'âne. We don't understand his story. He is all over the place.

Petit à petit, l'oiseau fait son nid

Literally: Little by little, the bird builds its nest

Meaning: Slow and steady wins the race

— On doit encore acheter beaucoup de meubles pour notre nouvel appartement. Tu sais ce qu'on dit : petit à petit, l'oiseau fait son nid. We still have to buy much furniture for our new apartment. You know what they say: the bird makes its nest little by little.

Prendre la mouche

Literally: To take the fly

Meaning: To take offence

— Tu prends la mouche facilement à ce que je vois. You take offence quickly from what I see.

Prendre le taureau par les cornes

Meaning: To take the bull by its horns

— Il faut s'y mettre, prendre le taureau par les cornes et finir ce projet. You must get down to it, take the bull by the horns and finish this project.

Quand le chat n'est pas là, les souris dansent

Literally: When the cat isn't there, mice dance

Meaning: When the cat's away, the mice will play

— Le professeur a entendu ses élèves faire du bruit pendant qu'il faisait des photocopies. Quand le chat n'est pas là, les souris dansent. The teacher heard his students making noise while he was making photocopies. When the cat's away, the mice will play.

Quand les poules auront des dents

Literally: When chicken will have teeth

Meaning: When pigs ply

— Tu pourras avoir une moto quand les poules auront des dents. You can have a motorbike when pigs fly.

Quand on parle du loup, on en voit la queue

Literally: When we talk about the wolf, we see its tail

Meaning: Speak of the devil and he's sure to appear

- On parle de lui et le voilà justement qui arrive. We talk about him and here he is just coming.
- Quand on parle du loup, on en voit la queue. When we talk of the devil, he's sure to appear.

Reprendre du poil de la bête

Literally: To take back the hair of the beast

Meaning: To be on the mend again - To recover

— Il reprend doucement du poil de la bête depuis son accident. He is slowly recovering from his accident.

Tuer la poule aux œufs d'or

Literally: To kill the chicken with the golden eggs

Meaning: To kill the goose with the golden eggs

- Son affaire marchait à merveille, mais il s'est fâché avec son plus gros client. His business was going great, but he got angry with his biggest client.
- Il a tué la poule aux œufs d'or. He killed the goose with the golden eggs.

EX. 17.2 *Choisissez une des expressions ci-dessous et ajoutez-la à la bonne phrase :*

AUDIO 17.4. 🔊

**La vache – est monté sur ses grands chevaux – faire le singe
– Il n'y a pas un chat – prends la mouche – les poules auront des dents
– as mangé du lion – parle français comme une vache espagnole
– noyer le poisson – tuer la poule aux œufs d'or**

1. Arrête de _____ et reste tranquille.

2. Est-ce que tu es certain qu'on est à la bonne adresse ? _____.

3. Cette voiture coute plus de 100.000 dollars. - _____ !

4. Tu _____ ce matin ? Quelle énergie !

5. Il _____ en quelques minutes.

6. Ça va être difficile de _____.

7. Mon français n'est pas terrible. Je _____.

8. Tu es susceptible, tu _____ à chaque fois.

9. On achètera une maison quand les _____.

10. C'est un bon client. Fais attention de ne pas _____.

EX. 17.3 *Récap - Faites une phrase avec les éléments donnés :*

AUDIO 17.5. 🔊

1. tu as froid / la chair de poule/ , / tu as / ?

   _____

2. depuis quelques jours / le cafard / j'ai

   _____

3. à un canard / j'ai vu / pas trois pattes / ce film / mais ça ne casse

   _____

4. se disputer /, / anguille sous roche / ils n'arrêtent pas de / il y a

   _____

5. la charrue / avant les bœufs / ne mets pas

   _____

CHAPTER 18
Incluant les COULEURS
Including Colours

Avoir la main verte

Literally: To have a green hand

Meaning: To have a green thumb

— Son jardin est magnifique. Elle a la main verte. Her garden is beautiful. She has a green thumb.

Avoir une peur bleue

Literally: To have a blue fear

Meaning: To be terrified - To be scared to death

— Elle a vu un tigre au zoo. Elle a eu une peur bleue. She saw a tiger at the zoo. She was scared to death.

Broyer du noir

Literally: To crush black

Meaning: To be brooding

— Elle est restée enfermée toute la journée à broyer du noir. She stayed locked up all day brooding.

Donner carte blanche

Literally: To give a white card

Meaning: To give free rein

— Elle peut faire tout ce qu'elle veut. Le directeur lui a donné carte blanche. She can do whatever she wants. The director gave her free rein.

En faire voir de toutes les couleurs à quelqu'un

Literally: To make someone see all the colours

Meaning: To give someone a hard time

— J'ai passé un week-end terrible. Mon fils m'en a fait voir de toutes les couleurs. I had a terrible weekend. My son gave me a hard time.

Être blanc(he) comme neige

Literally: To be as white as snow

Meaning: To be completely innocent - To have nothing to regret

— Il s'est avéré que le suspect était blanc comme neige. It turned out that the suspect was completely innocent.

Être dans le rouge

Literally: To be in the red

Meaning: To be in a difficult situation financially

— Je ne sais pas comment j'ai fait mais je suis dans le rouge. Et on n'est seulement le dix du mois ! I don't know how I did it, but I am in a difficult situation financially. And it's only the tenth of the month!

Être fleur bleue

Literally: To be blue flower

Meaning: To be sensitive

— Elle est fleur bleue mais tu le savais quand tu l'as rencontrée. She is sensitive, but you knew it when you met her.

Être rouge comme une tomate - une écrevisse - une pivoine

Literally: To be red like a tomato - crawfish - peony

Meaning: To be as red as a beetroot

— Si tu restes trop longtemps au soleil, tu vas être rouge comme une tomate. If you stay too long in the sun, you will be red as a beetroot.

Faire grise mine

Literally: To make a grey face

Meaning: To look glum

— Ça ne va pas chez lui aujourd'hui. Il fait grise mine. It's not going well with him today. He looks glum.

Montrer patte blanche

Literally: To show white paw

Meaning: To identify yourself - To show your credentials.

— Vous ne pouvez pas entrer dans le bâtiment sans montrer patte blanche. You cannot enter the building without showing your credentials.

Prendre des couleurs

Literally: To take colours

Meaning: To get some colours - To get a tan

— Tu vas prendre des couleurs à jardiner comme ça. You'll get a tan gardening like that.

Rire jaune

Literally: To laugh yellow

Meaning: To give a forced laugh

— Tout le monde s'est moqué de lui et riait. Lui, riait jaune. Everyone made fun of him and laughed. He gave a forced laugh.

Se faire des cheveux blancs

Literally: To make your hair white

Meaning: To be worried sick

— Elle se fait des cheveux blancs avec ses enfants. Ils ne sont vraiment bon à rien. She is worried sick with her children. They aren't good for anything.

Se mettre au vert

Literally: To put yourself in green
Meaning: To go green

— On a acheté une maison à la campagne. On a hâte de se mettre au vert. We bought a house in the countryside. We can't wait to go green.

Voir la vie en rose

Literally: To see life in pink - To see life through pink glasses
Meaning: To be optimistic about life and love - To see life through rose-colored glasses

— Quelles que soient les circonstances, elle est toujours optimiste. Elle voit la vie en rose. Regardless of the circumstances, she is always optimistic. She sees life through rose-colored glasses.

EX. 18.1 *Trouvez les synonymes parmi les expressions ci-dessus :*

AUDIO 18.2. 🔊

1. Être bon jardinier - _____
2. Être effrayé(e) - _____
3. Être de mauvaise humeur - _____
4. Être innocent(e) - _____
5. Avoir des problèmes d'argent - _____
6. Être romantique - _____
7. Avoir le visage rouge - _____
8. Ne pas être heureux(se) - _____
9. Se tracasser - _____
10. Aller à la campagne - _____

139

Notes :

CHAPTER 19
LES AUTRES EXPRESSIONS
Other Expressions

AUDIO 19.1. 🔊

À quoi bon ?

Meaning: What's the point?

- Appelle-le pour clarifier la situation. Call him to clarify the situation.
- À quoi bon ? What's the point?

À tout bout de chant

Literally: All the way to song

Meaning: All the time

— Il a passé son temps à lui téléphoner. Il l'appelle à tout bout de champ. He spent his time calling her. He calls her all the time.

Ah bon ?

Literally: Oh good?

Meaning: Really?

- Tu sais que le Président a été réélu avec moins de 40% des voix ? Do you know that the President was re-elected with less than 40% of the votes?
- Ah bon ? Really?

Arriver en courant

Meaning: To come running

— Lorsque j'ai besoin de lui, j'ai juste à l'appeler, et il arrive en courant. When I need him, I just call him, and he comes running.

Au cas où

Meaning: Just in case

- Prends ton téléphone portable avec toi. Take your cell phone with you.
- Pourquoi ? Why?
- Au cas où. Just in case.

Au petit bonheur la chance

Literally: The little happiness of the chance

Meaning: The haphazard

- Il sait où trouver un hôtel ? Does he know where to find a hotel?
- Non, il va un peu partout, au petit bonheur la chance. No, he goes everywhere, haphazardly.

Au pif

Literally: Randomly

— Je ne sais pas comment j'ai fait pour résoudre ce casse-tête. J'ai fait au pif. I don't know how I solved this puzzle. I did it randomly.

Bien mener sa barque

Literally: To steer your boat well

Meaning: To do well

- Quand je l'ai connu, il n'avait rien. Aujourd'hui, il a une maison avec piscine. When I met him, he had nothing. Today, he has a house with a swimming pool.
- Il a bien mené sa barque. He did well.

Bof bof

Meaning: So-so

- Est-ce que ça va chez toi ? Is everything okay with you?
- Bof bof. So-so.

Boire la tasse

Literally: To drink the cup

Meaning: To swallow a mouthful

— Ma fille apprend à nager. Elle a bu la tasse trois fois déjà. My daughter is learning to swim. She swallowed a mouthful three times already.

Bon à rien

Meaning: Good for nothing

— Il ne sait rien faire de ses dix doigts. C'est un bon à rien. He can't do anything with his ten fingers. He is good for nothing.

Bon débarras

Meaning: Good riddance

- Il est enfin parti. He finally left.
- Bon débarras. Good riddance.

Ça te dit ?

Meaning: Would you like to?

- Ça te dit qu'on aille au cinéma ? Would you like to go to the movies?
- Oui, pourquoi pas samedi ? Yes, why not Saturday?

Ça tombe bien

Literally: It falls well

Meaning: That's good

- Je vais au match ce week-end, toi aussi ? I'm going to the game this weekend, what about you?
- Ça tombe bien, ma voiture est en panne. Est-ce que tu peux passer me prendre ? That's good, my car has broken down. Can you pick me up?

Chacun voit midi à sa porte

Literally: Everyone sees noon at his door

Meaning: Everyone sees it their own may

- Je n'aurais jamais pris la décision d'aller vivre à la campagne. I would never have made the decision to go and live in the countryside.
- Chacun voit midi à sa porte. Everyone sees it their on way.

Changer de crèmerie

Literally: To change creamery

Meaning: To go to another business

— Le boulanger ne fait plus du bon pain. Je vais changer de crèmerie. The baker does not make good bread anymore. I'm going to go to another bakery.

Chanter comme une casserole

Literally: To sing like a pot

Meaning: To be a bad singer

— Il faut qu'elle arrête de chanter. Elle chante comme une casserole. She needs to stop singing. She is a bad singer.

Chercher midi à quatorze heures

Literally: To look for noon at two o'clock

Meaning: To overcomplicate life

— Arrête de chercher midi à quatorze heures, la solution est inscrite au dos de la feuille. Stop overcomplicating things, the solution is written on the back of the sheet.

Clouer le bec à quelqu'un

Meaning: To shut up someone's mouth

— Il lui a dit qu'elle ne savait rien faire et qu'elle était nulle. Son talent lui a cloué le bec. He told her that she couldn't do anything and that she sucked. Her talent shut him up.

EX. 19.1 *Choisissez une des expressions ci-dessous et ajoutez-la à la bonne phrase :*

AUDIO 19.2.

au pif – est arrivé en courant – Bon débarras – chante comme une casserole – chercher midi à quatorze heures – à tout bout de chant – a cloué le bec à quelqu'un – boire la tasse – ça tombe bien – Au cas où

1. Elle me donne mal à la tête, elle _____.

2. La nouvelle lui _____, il ne savait plus quoi dire.

3. Il revient là-dessus _____.

4. Le policier _____ mais les voleurs étaient déjà partis.

5. Les vagues sont trop fortes aujourd'hui, je n'ai pas envie de _____.

6. Elle a choisi _____ mais elle a trouvé la bonne réponse.

143

7. La réponse est simple. Il ne faut pas _____.

8. Tu vas au concert samedi ? - _____, moi aussi !

9. _____ vous arriveriez en retard, je vais laisser une clé sous le paillasson.

10. Mon collègue a démissionné. _____, il était toujours de mauvaise humeur.

AUDIO 19.3. 🔊

Comme ci, comme ça

Meaning: So-so

- Tu vas bien ? How are you?
- Comme ci, comme ça. So-so.

Conduire/rouler à tombeau ouvert

Literally: To drive with an open casket

Meaning: To be driving at breakneck speed

— La police les ont arrêtés. Le conducteur du véhicule roulait à tombeau ouvert. The police arrested them. The driver of the vehicle was driving at breakneck speed.

Connaître la musique

Literally: To know the music

Meaning: To know how to do something

— On ne t'explique plus comment cela fonctionne, tu connais la musique. We no longer explain to you how it works, you know how it works.

Contre vents et marées

Literally: Against winds and tides

Meaning: Against all odds

— Il a suivi son instinct et réalisé son idée, contre vents et marées. He followed his instinct and realized his idea, against all odds.

Couper la parole à quelqu'un

Literally: To cut someone's speech

Meaning: To cut someone off

- Je pense aller… I'm thinking of going…
- Où est-ce que tu veux aller ? Where do you want to go?
- Arrête de me couper la parole, et tu le sauras. Stop cutting me off, and you'll know.

De fil en aiguille

Literally: From the thread to the needle

Meaning: One thing led to another

— Elles ont parlé de tout et de rien, et de fil en aiguille, ont abordé le sujet de la maison. They talked about everything and nothing, and one thing led to another, broached the subject of the house.

Découvrir le pot aux roses

Literally: To discover the pot of roses

Meaning: To discover what is going on

— Il ne savait pas ce qui se passait, jusqu'à ce qu'il entende une conversation et découvre le pot aux roses. He didn't know what was going on, until he overheard a conversation and discovered what was going on.

Devoir une fière chandelle à quelqu'un

Literally: To owe a candle to someone

Meaning: To owe someone a big debt

— Robert l'a rattrapé alors qu'il venait de déraper du bord de la falaise. Il lui doit une fière chandelle. Robert caught up with him as he had just skidded off the edge of the cliff. He owes him a big debt.

Dire ses quatre vérités

Literally: To tell your four truths

Meaning: To give someone a piece of your mind

— Elle l'a énervé, alors il lui a dit tout ce qu'il avait sur le cœur. Il lui a dit ses quatre vérités. She pissed him off, so he told her everything on his mind. He gave her a piece of his mind.

Donner du fil à retordre

Literally: To give some thread to twist

Meaning: To give a headache - To give a hard time

— Le démontage et le remontage du moteur lui a donné du fil à retordre. Dismantling and reassembling the engine gave him a hard time.

En boucher un coin

Literally: To plug a corner

Meaning: To be speechless

- Tu sais que la coiffeuse a quitté son mari pour une autre femme ? Do you know that the hairdresser left her husband for another woman?
- Alors ça, ça m'en bouche un coin. I am speechless.

En connaître un rayon

Literally: To know a ray

Meaning: To know a lot

— Si tu as une question, tu peux la lui poser. Il en connaît un rayon. If you have a question, you can ask him. He knows a lot.

En vouloir à quelqu'un

Meaning: To be mad at someone - To resent someone

— Elle ne lui parle plus depuis qu'ils se sont fâchés. Elle lui en veut toujours. She hasn't spoken to him since they got angry. She still resents him.

En vrac

Meaning: In bulk - In a mess

— Il n'y a rien de rangé ici. Tout est posé en vrac. There is nothing tidy here. Everything is laid in a mess.

Envoyer sur les roses

Meaning: To send on the roses

— Elle lui a posé une question, mais il l'a envoyée sur les roses. Elle n'a toujours pas la réponse. She asked him a question, but he sent her on the roses. She still doesn't have the answer.

Filer à l'anglaise

Literally: To run away English style

Meaning: To dash - To slip out

— Ils ont quitté la messe sans que personne ne les voit. Ils ont filé à l'anglaise, par la porte de derrière. They left mass without anyone seeing them. They slipped out the back door.

Filer du mauvais coton

Literally: To spin bad cotton

Meaning: To turn badly

— À force de traîner dans la rue avec ses copains, il commence à filer du mauvais coton. By dint of hanging out in the street with his friends, he starts to turn badly.

Fini la rigolade !

Literally: Done with laughing

Meaning: The fun is over!

— Fini la rigolade ! Il faut commencer à travailler maintenant. The fun is over! We have to start working now.

Finir bien - mal

Meaning: To end well - bad

Ils ont fini par se marier. C'est une histoire qui se finit bien. They ended up getting married. It's a story that ends well.

— Arrêtez de vous chamailler car ça va finir mal. Stop bickering because it's going to end badly.

Finir en beauté

Literally: To end in beauty

Meaning: To end well

— La soirée a fini en beauté, par un feu d'artifice tiré depuis un bateau. The evening ended well, with fireworks fired from a boat.

Garder quelque chose à l'esprit

Meaning: To keep in mind

— Garde ce que je t'ai dit à l'esprit, cela pourra te servir. Keep what I told you in mind, it may help you.

Il (ne) faut pas pousser mémé dans les orties !

Literally: To not push Granny into the nettles!

Meaning: Don't push it too far

— Tu es encore rentré complètement saoul. Il ne faut pas pousser mémé dans les orties. You came home completely drunk again. Don't push it too far.

EX. 19.2 *Corrigez les phrases ci-dessous si besoin :*

1. Il conduit à cercueil ouvert. Il va avoir des problèmes.

   _____

2. Tu connais la chanson, je n'ai pas besoin de t'expliquer.

   _____

3. Le gouvernement a réussi à augmenter les taxes, contre vents et tempêtes.

   _____

4. Elle se coupe toujours les cheveux en 2 pour toi.

   _____

5. Est-ce qu'ils ont découvert le bouquet aux roses ou ils ne savent toujours pas ?

   _____

6. Je lui ai dit ses 5 vérités mais j'aurais peut-être dû m'abstenir.

   _____

7. Le gérant du magasin a donné le feu vert pour les nouveaux horaires.

   _____

8. Je ne savais pas, ça m'en bouche un loin !

   _____

9. Les voleurs ont filé à la française.

   _____

10. Garde à la conscience que tout projet prend du temps.

   _____

AUDIO 19.5. 🔊
J'en reviens pas
Literally: I can't come back from it
Meaning: I can't believe it
— Il m'a plaqué par sms, j'en reviens pas. He broke up with me by text, I can't believe it.

Je dis ça, je dis rien
Literally: I said that I say nothing
Meaning: Just saying
— Il faudrait peut-être y aller maintenant. Je dis ça, je dis rien. Maybe we should go now. Just saying.

Jeter l'éponge

Literally: To throw the sponge

Meaning: To give up

— Cela fait trois heures que j'essaye de corriger cette erreur. Je jette l'éponge. I have been trying to fix this error for three hours. I give up.

Jeter un pavé dans la marre

Literally: Throw a stone into the pond

Meaning: To make waves

— Personne ne voulait évoquer le problème. Il a jeté un pavé dans la marre, et la réunion a pris la journée. No one wanted to bring up the issue. He made waves, and the meeting took the whole day.

Laisse tomber

Meaning: Forget it

- Tu m'as dit que ça tu voulais aller au cinéma ce soir. You told me that you wanted to go to the theater tonight.
- Laisse tomber, tu n'as rien compris. Forget it, you don't get it.

Le jeu en vaut la chandelle

Literally: The game is worth the candle

Meaning: It's worth it

— Tu devrais essayer de jouer à la loterie, le jeu en vaut la chandelle. You should try to play the lottery, it's worth it.

Marcher comme sur des roulettes

Literally: To walk like on wheels

Meaning: To walk like clockwork

— J'ai réparé la machine. Ça marche comme sur des roulettes. I repaired the machine. It works like clockwork.

Mener quelqu'un à la baguette

Literally: To lead someone to the wand

Meaning: To push someone around

— Il n'a rien à dire à la maison. Et d'ailleurs en dehors non plus. Elle le mène à la baguette. He has nothing to say at home. And besides outside either. She pushes him around.

Mine de rien

Meaning: Casually

— Il a attrapé la bouteille mine de rien. He caught the bottle casually.

Mordre la poussière

Meaning: To bite the dust

— Le boxeur a fait mordre la poussière à son adversaire. The boxer made his opponent bite the dust.

N'importe quoi

Literally: Anything

Meaning: That's not true - Whatever

- C'est toi qui as dit qu'il fallait investir. It was you who said that we had to invest.

- N'importe quoi. Whatever.

Ne pas en mener large

Literally: To not go wide

Meaning: To not be overconfident

— Quand il a été confronté, il n'en menait pas large. When he was confronted, he was not overconfident.

Ne pas juger un livre par sa couverture

Meaning: Don't judge a book by its cover

— Cette vieille dame a presque 100 ans. Il ne faut pas juger un livre par sa couverture. Elle est encore en pleine forme. This old lady is almost 100 years old. Don't judge a book by its cover. She is still in great shape.

Ne pas quitter quelqu'un d'une semelle

Literally: To not leave someone from a sole

Meaning: To follow someone closely

— Elle le suit partout où il va. Elle ne le quitte pas d'une semelle. She follows him wherever he goes. She follows him closely.

Ne pas tourner autour du pot

Literally: To not turn around the pot

Meaning: To not beat around the bush

— Lorsqu'il a quelque chose à dire, il le dit franchement. Il ne tourne pas autour du pot. When he has something to say, he says it frankly. He does not beat around the bush.

Oh purée

Literally: Oh mashed potatoes

Meaning: Oh no - Oh boy

- T'as vu sa tête ? Did you see his face?

- Oh purée ! Oh boy!

On ne sait jamais

Meaning: You never know

- Tu crois que nous allons réussir ? Do you think we will succeed?

- On ne sait jamais. You never know

Partir en fumée

Literally: To leave in smoke

Meaning: To go up in smoke

— Suite au contrôle fiscal, tout son patrimoine est parti en fumée. Il ne lui reste plus rien. Following the tax audit, all his assets went up in smoke. He has nothing left.

Pas très catholique

Literally: Not really catholic

Meaning: A bit fishy - A bit unorthodox

- Tu as vu tous ces allers et venues chez le voisin ? Did you see all these comings and goings at the neighbours?

- Oui, il s'y passe quelque chose de pas très catholique. Yes, there is something a bit fishy going on there.

Passer comme une lettre à la poste

Literally: To pass like a letter in the post

Meaning: To go off without a hitch

— Les policiers n'ont rien vu. C'est passé comme une lettre à la poste. The police saw nothing. It went off without a hitch.

Passer un coup de fil

Meaning: To make a phone call

— Prends ton téléphone et appelle-le. Il suffit de lui passer un coup de fil pour régler la situation. Take your phone and call him. Just give him a call to resolve the situation.

Passer un mauvais quart d'heure (familier)

Literally: To spend a bad quarter of an hour

Meaning: To have a bad time - To be given hell for something

— Après sa bêtise, il a passé un mauvais quart d'heure dans le bureau du directeur. After his mistake, he had a bad time in the director's office.

Passer un savon à quelqu'un

Literally: To pass a soap on someone

Meaning: To give an earful to someone

— Il lui a passé un savon, afin qu'il se souvienne de ne pas faire déborder les lavabos de l'école. He gave him an earful, so that he remembered not to overflow the sinks of the school.

EX. 19.3 *Ajoutez le bon mot à la bonne phrase :*

AUDIO 19.6.

éponge – chandelle – baguette – couverture – lettre

1. Ne jette pas l'_____ trop vite. Il faut travailler pour réussir.

2. Tu penses que le jeu en vaut la _____ ?

3. Elle mène son mari à la _____ depuis toujours.

4. Cet homme qui porte de vieux vêtements ? Il est avocat. Il ne faut pas juger un livre par sa _____.

5. L'annonce de sa retraire est passée comme une _____ à la poste.

Pendre la crémaillère

Meaning: Housewarming

— Samy et Christine emménagent ensemble dans un appartement. Ils vont pendre la crémaillère samedi. Samy and Christine move into an apartment together. They're going to have a housewarming party on Saturday.

Prendre la poudre d'escampette

Literally: To take the gunpowder

Meaning: To run away

— Le chasseur allait tirer sur le cerf, quand celui-ci a pris la poudre d'escampette dans la forêt. The hunter was about to shoot the deer when the latter ran away into the forest.

Perdre la boule

Literally: To lose the ball

Meaning: To lose one's mind

— Depuis la mort de son mari, elle a complètement perdu la boule. Since the death of her husband, she has completely lost her mind.

Péter les plombs - une case - un câble (familiar)

Literally: To flip out - a box - a cable

Meaning: To go insane - To freak out

— Une cliente a hurlé dans le magasin. Elle a carrément pété les plombs. A customer screamed in the store. She downright freaked out.

Pleurer à chaudes larmes

Literally: To cry at warm tears

Meaning: To sob out

— Dès qu'elle a appris pour son accident, elle a commencé à pleurer à chaudes larmes. As soon as she learned about her accident, she started sobbing.

Pleurer comme une Madelaine

Literally: To cry like a Madelaine

Meaning: To sob out

— Dès qu'il y a une scène sentimentale dans un film, elle se met à pleurer comme une Madeleine. As soon as there is a sentimental scene in a film, she starts sobbing.

Pleurer toutes les larmes de son corps

Literally: To cry all the tears in your body

Meaning: To sob out

— Lorsque les policiers lui ont annoncé la mort de son fils, elle a pleuré toutes les larmes de son corps. When the police told her of her son's death, she started sobbing.

Quel dommage !

Meaning: What a pity! - What a shame!

— Quel dommage qu'il ait raté ses examens. What a shame he failed his exams.

Qui va à la chasse, perd sa place

Literally: Who goes hunting, loses his place

Meaning: You leave it, you lose it

- Quelqu'un s'est assis sur ma chaise dans la salle d'attente. Someone sat on my chair in the waiting room.
- Qui va à la chasse perd sa place. You leave it, you lose it.

Répondre du tac au tac

Literally: To respond tit for tat

Meaning: To reply quickly - To snap back

— Elle ne s'est pas laissée faire. Elle lui a répondu du tac au tac. She didn't let him intimidste her. She snapped back.

Reprendre à zéro

Meaning: To start from zero - To start from scratch - To start over

— Le nouveau site internet ne fonctionne pas. Reprenez tout à zéro. The new website is not working. Start over.

S'attirer les foudres de quelqu'un

Literally: To attract somebody's wrath

Meaning: To incur someone's wrath

— Tu vas t'attirer les foudres du quartier si tu continues à écouter de la musique si fort. You're going to incur the neighbourhood's wrath if you keep listening to music so loud.

Se couper en quatre - Se plier en quatre

Literally: To cut yourself into four

Meaning: To bend over backwards

— Elle s'est pliée en quatre pour lui assurer un avenir. She bent over backwards to secure him a future.

Se fringuer (familiar)

Meaning: To dress up

— Je suis allé aux puces pour me fringuer. I went to the flea market to find something to get dressep up in.

Se la péter (familiar)

Meaning: To show off

— Le gars se la pète alors que vraiment, il n'est pas si bien que ça. The guy is showing off when really, he's not that good looking.

Se renvoyer la balle

Literally: To pass the ball back and forth

Meaning: To blame each other

— Chacun se renvoie la balle, elle dit qu'il est responsable, il dit qu'elle est responsable. Everyone blames each other, she says he's responsible, he says she is.

Se retourner dans sa tombe

Meaning: To be turning in one's grave

— Il doit se retourner dans sa tombe en voyant l'état de son entreprise. He must be rolling in his grave seeing the state of his business.

Sortir de ses gonds

Literally: To get out of his hinges

Meaning: To freak out - To lose one's temper

— Il a failli brûler son matelas. Elle est sortie de ses gonds en voyant ça. He almost burned his mattress. She freaked out when she saw that.

Tant mieux - Tant pis

Literally: So much the better - So much the worse

Meaning: Great - Too bad

- J'ai gagné mon pari. I won my bet.
- Tant mieux. Great.

- Elle a perdu ses lunettes de soleil. She lost her sunglasses.
- Tant pis. Too bad.

Tenir la chandelle

Literally: To hold the candle

Meaning: To be the third wheel

— Il commençait à y avoir quelque chose entre ses colocataires. Elle est partie car elle en avait assez de tenir la chandelle. Something was starting between his roommates. She left because she was tired of being the third wheel.

Tirer le diable par la queue

Literally: To grab the devil by the tail

Meaning: To live hand to mouth

— Ils ont très peu d'argent pour vivre. Ils tirent le diable par la queue à chaque fin de mois. They have very little money to live on. They live hand to mouth at the end of each month.

EX. 19.4 *Choisissez l'expression qui convient le mieux à la phrase :*
AUDIO 19.8.

1. Il est parti ? - _____. J'en avais marre de l'entendre.
   Tant mieux - Tant pis

2. Elle _____ toujours bizarrement. Je ne sais pas où elle achète ses habits.
   se fringue - se la pète

3. _____ qu'elle ne soit pas là avec nous.
   Quel dommage - Quand même

4. Il _____ facilement. Il a mauvais caractère.

sort de ses gonds - perd la boule

5. Il _____ quand je lui ai posé la question. Je ne pense pas que c'est lui.

s'est coupé en 4 - a répondu du tac au tac

AUDIO 19.9. 🔊

Tirer plus vite que son ombre

Meaning: To shoot faster than his shadow

— Nous étions au stand de tir. Il tire plus vite que son ombre. We were at the shooting range. He shoots faster than his shadow.

Tirer sur l'ambulance

Literally: To shoot the ambulance

Meaning: To be ungrateful

— Il s'est moqué de l'organisation qui l'a aidé. Il tire sur une ambulance. He mocked the organization that helped him. He is ungrateful.

Tombé du camion

Literally: Fell off from the truck

Meaning: Fell off the back of a truck

- J'ai un nouveau téléphone. I have a new phone.
- Tu l'as payé combien ? How much did you pay him?
- Il est tombé du camion. He fell off the back of a truck.

Tomber à l'eau

Literally: To fall into the water

Meaning: To fall through

— Nous devions organiser une grande célébration, mais avec la tempête, tout est tombé à l'eau. We were supposed to organize a big celebration, but with the storm, everything fell through.

Tomber bien - mal

Literally: Fall well - badly

Meaning: To come at the right time - To not come at a good time - It's a bad time

— Tu tombes bien, on parlait justement de toi. You are coming at the right time, we were talking about you.

— Tu tombes mal, je dois partir à la gare. You are not coming at the right time, I have to go to the train station.

Tomber d'accord avec quelqu'un

Meaning: To agree with someone

— Nous sommes tombés d'accord, et avons décidé de passer nos vacances à Marseille. We came to an agreement and decided to spend our holidays in Marseille.

Tomber dans le panneau - le piège

Meaning: To fall into the trap - To fall for it

— Il lui a raconté n'importe quoi, et il est tombé dans le panneau. He told him nonsense, and he fell for it.

Tomber de haut

Literally: Fall from high

Meaning: To be dumbfounded

— Le chef de service est tombé de haut en apprenant que c'était elle qui volait les produits dans l'entrepôt. The head of the department was dumbfounded when he learned that it was she who was stealing the products from the warehouse.

Tomber des nues

Meaning: To be flabbergasted

— Lorsque la police lui a donné le nom de celui qui la harcelait sur internet, elle est tombée des nues. When the police gave her the name of the person who was harassing her on the internet, she was flabbergasted.

Tomber dessus

Meaning: To fall on it

— Ils lui sont tombés dessus car il a commis une erreur bête. Ils ont alors compris que c'était lui. They fell on him because he made a stupid mistake. Then they understood it was him.

Tomber du ciel

Literally: To fall from the sky

Meaning: To be a godsend

— Il a gagné une grosse somme d'argent. Elle lui est tombée du ciel. He won a large sum of money. It was a godsend.

Toucher du bois

Literally: To touch wood

Meaning: To knock on wood

— Cela fait vingt ans qu'il a cette voiture. Il n'a encore eu aucun accident. Il touche du bois. He has had this car for twenty years. He hasn't had any accidents yet. He knocks on wood.

Tourner la page

Literally: To turn the page

Meaning: To move on

— Cela fait longtemps qu'elle t'a quitté. Il faut tourner la page. She left you a long time ago. You have to move on.

Tout craché

Literally: All spit

Meaning: To look similar

— C'est son père tout craché. Mêmes traits, même caractère. It's his dad. Same features, same character.

Traîner quelqu'un dans la boue

Meaning: To drag someone's name through the mud

— Je me rappelle qu'il a été trainé dans la boue à cause de cette histoire. I remember he was dragged through the mud because of this story.

Tu m'étonnes !

Literally: You surprise me!
Meaning: No, really?
- J'ai fini par le quitter. I ended up leaving him.
- Tu m'étonnes ! Avec son caractère ! No, really? With his character!

Un jeu d'enfant

Literally: A child's play
Meaning: A piece of cake

— J'ai gagné la partie de pétanque. Un jeu d'enfant. I won the petanque game. It's a piece of cake

Un secret de Polichinelle

Meaning: An open secret

— Elle vient de nous dire qu'elle est enceinte, mais tout le monde le savait. C'était un secret de Polichinelle. She just told us she's pregnant, but everyone knew it. It was an open secret.

Une histoire à dormir debout

Literally: A story to sleep standing up
Meaning: A tall story

— Il m'a raconté une histoire à dormir debout, à propos d'un rat qui fait la cuisine dans un restaurant à Paris. He told me a tall story about a rat who cooks in a restaurant in Paris.

Veiller au grain

Meaning: To keep an eye out

— Elle surveille la comptabilité de près. Je peux te dire qu'elle veille au grain. She monitors the accounts closely. I can tell you that she keeps an eye out.

Vendre la mèche

Literally: To sell the mesh
Meaning: To spill the beans

— Quelqu'un a vendu la mèche. Ma mère savait quelle surprise nous allions lui faire. Someone spilled the beans. My mother knew what a surprise we were going to give her.

Vider son sac

Literally: To empty her bag
Meaning: To get something out of your chest

— Il a vidé son sac après avoir passé trois heures en garde-à-vue. He got it out of his chest after spending three hours in police custody.

Vivre au jour le jour

Meaning: To live day-to-day

— Il ne leur reste jamais rien à la fin du mois. Ils vivent au jour le jour. They never have anything left at the end of the month. They live day-to-day.

Voir le verre à moitié plein

Literally: To see the glass half full
Meaning: To be optimistic

— Il est très optimiste. Il voit toujours le verre à moitié plein. He is very optimistic. He always sees the glass as half full.

Zut alors !

Meaning: Damn it!

— J'ai fait tomber mon portefeuille dans une flaque d'eau. Zut alors ! I dropped my wallet in a puddle. Damn it!

EX. 19.5 *Choisissez un élément dans chaque colonne et formez une phrase :*
AUDIO 19.10.

Acheter des choses tombées du camion	un jeu d'enfant.
Touche du bois	sur le prix de la voiture.
Ce puzzle est	cela lui permet de vider son sac.
On est tombés d'accord	est illégal.
Il voit un psychologue,	si tu es superstitieux.

_____

_____

_____

_____

_____

EX. 19.6 *Récap - Corrigez les phrases ci-dessous si besoin :*
AUDIO 19.11.

1. Tu la vois cet après-midi ? Ça tombe mal, tu peux lui donner ça pour moi ?

_____

2. Ça lui a cloué la bouche quand il a appris que son ami ne l'avait pas invité.

_____

3. C'est malpoli de couper la chanson à quelqu'un.

_____

4. Il file du mauvais cuir depuis quelques temps.

_____

5. J'en reviens pas que tu sortes avec lui !

_____

6. Laisse partir, tu ne comprends pas.

_____

7. On ne sait rien, peut-être qu'il veut venir ?

_____

8. Il se retournerait dans con cercueil s'il savait !

_____

9. Le projet est tombé à l'air. Il n'y avait pas assez d'argent.

_____

10. Je dois passer un coup de ficelle avant de partir.

_____

CHAPTER 20
Différentes façons de dire OUI
Other ways to say "Yes"

Oui

Meaning: Yes

- Tu as pensé à appeler le docteur ? Have you thought about calling the doctor?
- Oui, je l'ai appelé ce matin. Yes, I called him this morning.

Avec plaisir

Meaning: Gladly

- Est-ce que vous prendrez du vin avec votre plat ? Will you have wine with your meal?
- Avec plaisir. Gladly.

Bein oui

Meaning: Yes

- Tu as bien aimé le nouveau film ? Did you like the new movie?
- Bein oui, je te l'ai déjà dit. Yes, I already told you.

Bien sûr

Meaning: Of course - Sure

- Est-ce que tu peux me passer le sel ? Can you pass me the salt?
- Bien sûr. Sure.

C'est ça

Meaning: That's right

- 2 euros 50, c'est bien ça ? 2.50 euros, is that right?
- C'est ça. That's right.

C'est exact

Meaning: That's right - That's it

- Si je me rappelle bien, elle était petite avec les cheveux foncés. If I remember correctly, she was short with dark hair.
- C'est exact. That's it.

Ça marche (familiar)

Meaning: Sure

- On va aller camper. Nous avons encore besoin d'un sac de couchage. Tu peux nous ramener le tien ? We're going camping. We still need a sleeping bag. Can you bring us yours?
- Ça marche. Sure.

Ça roule (familiar)

Literally: It rolls

Meaning: Good

- Comment ça va en ce moment ? How are you doing now?
- Ça roule. Good.

Carrément (familiar)

Meaning: Sure - Absoluteley

- Tu veux aller manger un bout au lieu d'étudier ? Want to grab a bite to eat instead of studying?
- Carrément. Absoluteley.

Certainement

Meaning: Certainly

- Est-ce que je peux vous apporter l'addition ? Can I bring you the bill?
- Certainement. Certainly.

D'accord

Meaning: Alright - Yes, I agree

- On se voit bientôt ? Are we meeting soon?
- D'accord. Alright.

Effectivement

Meaning: Yes indeed

- Il a dit qu'il n'avait jamais vu cette personne, c'est bien ça? He said he had never seen this person, right?
- Effectivement. Yes indeed.

En effet

Meaning: Yes indeed

- Vous êtes le patron de cette compagnie ? Are you the boss of this company?
- En effet. Yes indeed.

Évidemment

Meaning: Obvisouly

- Tu aimerais vister le Canada ? Would you like to visit Canada?
- Évidemment. Qui n'aimerait pas visiter le Canada ? Obviously. Who wouldn't love to visit Canada?

Exactement

Meaning: Exactly

- Vous avez réservé deux places pour le spectable de 20h30, c'est bien ça ? You've booked two tickets for the 8:30 p.m. show, right?
- Exactement. Exactly.

Ok

- Tu veux venir avec moi faire les courses ? Do you want to come shopping with me?
- Ok.

Ouais - Mouais (familiar)

Meaning: Yeah

- Tu as bien aimé le dessert ? Did you like the dessert?
- Ouais - Mouais, mais ça aurait pu être meilleur. Yeah, but it could have been better.

Oui oui

Meaning: Yes (as a way to confirm)

- Tu as bien apporté ton chargeur comme je te l'ai demandé ? Did you bring your charger like I asked?
- Oui oui il est dans mon sac. Yes, it is in my bag.

Parfait

Meaning: Perfect

- Est-ce que cela vous convient d'avoir vue sur mer ? Does it suit you to have a sea view?
- Parfait. Perfect.

Pas de problème

Meaning: No problem

- Tu penses que tu es capable de le faire ? Do you think you can do it?
- Pas de problème. No problem.

Si

Meaning: Yes (after a negative question)

- Tu n'as jamais vécu en Espagne ? You have never lived in Spain, right?
- Si, j'ai vécu en Espagne entre 2015 et 2017. Yes I did, I lived in Spain between 2015 and 2017.

Tout à fait

Meaning: Exactly

- Je vois que vous n'avez pas acheté une assurance pour votre télévision. Est-ce que c'est correct ? I see you haven't purchased insurance for your television. Is this right ?
- Tout à fait. Exactly.

Très bien

Meaning: Very good - Perfect

- Je peux vous trouver une place en première classe si vous préférez. I can find you a seat in first class if you prefer.
- Très bien. Very good.

Volontiers

Meaning: Gladly

- Est-ce que vous voulez du pain avec votre plat ? Do you want bread with your dish?
- Volontiers. Gladly.

Notes :

CHAPTER 21
Différentes façons de dire NON
Other ways to say "No"

Non

Meaning: No

- Tu as déjà goûté le fruit du dragon ? Have you ever tasted dragon fruit?
- Non. No.

Absolument pas

Meaning: Absolutely not

- Tu veux venir camper avec nous ce week-end ? Do you want to come camping with us this weekend?
- Absolument pas. Absolutely not.

Ben sûr que non

Meaning: Of course not

- Tu n'as jamais été arrêté par la police ? Have you ever been arrested by the police?
- Bien sûr que non. Of course not.

Jamais

Meaning: Never

- Est-ce que vous avez déjà été en croisière ? Have you ever been on a cruise?
- Jamais. Never.

Hors de question

Meaning: Out of question

- Maman est-ce que je peux aller jouer avec Sam ? Mom can I go play with Sam?
- C'est hors de question. It's out of question.

Moi non plus

Meaning: Me neither

- Je n'ai aucune envie de me mettre au régime. I have no desire to go on a diet
- Moi non plus. Me neither.

Niet

Meaning: No

- Tu as reçu ton dernier salaire depuis que tu as été renvoyé ? Did you get your last salary since you were fired?
- Niet. No.

Oh non !

Meaning: Oh no!

- Mon grand-père a fait une crise cardiaque ce week-end. My grandfather had a heart attack this weekend.
- Oh non ! Oh no!

Pas du tout

Meaning: Not at all

- Vous voulez toujours voyager en Europe cette année ? Do you still want to travel to Europe this year?
- Avec le nouveau virus ? Pas du tout. With the new virus? Not at all.

Pas encore

Meaning: Not yet

- Tu as déjà envoyé les cartes de Noël ? Have you already sent the Christmas cards?
- Pas encore. Not yet.

Pas maintenant

Meaning: Not now

- Tu as le temps de m'aider à monter ce meuble ? Do you have time to help me assemble this piece of furniture?
- Pas maintenant. Not now.

Pas question

Meaning: No way

- Est-ce que tu peux me pardonner ? Can you forgive me?
- Pas question. No way.

Pas vraiment

Meaning: Not really

- Est-ce que tu es contente de commencer un nouveau boulot ? Are you happy to start a new job?
- Pas vraiment. Not really.

Que nenni

Meaning: Not at all - Nay - Nope

- Tu as visité tout ce que tu voulais voir en vacances ? Have you visited everything you wanted to see on vacation?
- Que nenni, on a fait à peine la moitié. Nope, we've barely done half.

Rien à voir

Literally: Nothing to see
Meaning: That's not true

- C'est normal qu'il soit fort en maths, ses parents ont payé le professeur. It's normal that he's good at math, his parents paid the teacher.
- Rien à voir. That's not true.

Tu plaisantes ?

Meaning: You are joking, right?

- J'ai vu ton mari avec une autre femme ce matin. I saw your husband with another woman this morning.
- Tu plaisantes ? You are joking, right?

CHAPTER 22
Différentes façons de dire MERCI
Other ways to say "Thank you"

Merci

Meaning: Thank you
- Tes lunettes te vont très bien. Your glasses look great on you.
- Merci. Thank you.

Je te remercie - Je vous remercie

Meaning: Thank you
- Et voilà votre ticket. And here is your receipt.
- Je vous remercie. Thank you.

Merci à toi - à vous - à tous

Meaning: Thanks to you - to all
- Merci pour le dîner, c'était super de te revoir. Thanks for the dinner, it was great to see you again.
- Merci à toi d'être venu. Thank you for coming.

Merci beaucoup

Meaning: Thank you very much - Thanks a lot
- Voilà la batterie pour ton ordinateur portable. Here is the battery for your laptop.
- Merci beaucoup, ça ma sauve la vie. Thank you very much, it saves my life.

Merci bien

Meaning: Thanks a lot
- Je t'ai apporté des courgettes de notre jardin. I brought you some zucchinis from our garden.
- Merci bien, je vais les manger ce soir. Thanks a lot, I will eat them tonight.

Merci d'avance

Meaning: Thanks in advance
- Merci d'avance pour votre réponse. Thanks in advance for your reply.

Merci du fond du cœur

Meaning: Thank you from the bottom of my heart
- Merci du fond du cœur pour ton aide. Thank you from the bottom of my heart for your help.

Merci infiniment

Meaning: Thanks a bunch

- Merci infiniment pour votre participation à notre voyage de noces. Thanks a bunch for your participation in our honeymoon.

Merci mille fois

Meaning: Thanks a million

— Merci mille fois de m'avoir ramener mon sac à main. Thanks a million for bringing me back my purse.

Mille mercis

Meaning: Many thanks

— Mille mercis pour ce livre, je l'ai lu en une journée ! Many thanks for this book, I read it in one day!

Un grand merci

Meaning: A big thank you

— Un grand merci d'être toujours là pour moi. A big thank you for always being there for me.

CHAPTER 23
Différentes façons de dire BONJOUR
Other ways to say "Hello"

Bonjour

Meaning: Hello

— Bonjour madame, bonjour monsieur. Hello madam, hello sir.

Bonsoir

Meaning: Good evening

— Bonsoir tout le monde. Good evening everyone.

Salut (familiar)

Meaning: Hi

— Salut Marc, comment ça va ? Hi Marc, how are you?

Coucou

Meaning: Hi

— Coucou ! Désolée, je suis en retard. Hi! Sorry, I'm late.

Âllo

Meaning: Hello (on the phone)

— Âllo ? Qui est à l'appareil ? Hello? Who is speaking?

Hey ! (familiar)

Meaning: Hey!

— Hey Jim, ça fait longtemps que je ne t'ai pas vu ! Hey Jim, I haven't seen you in a long time!

Notes :

CHAPTER 24
Différentes façons de dire AU REVOIR
Other ways to say "Goodbye"

Au revoir

Meaning: Goodbye

— Au revoir tout le monde. Goodbye, everyone.

À bientôt

Meaning: See you soon

— Je devrais être de retour dans quelques semaines. À bientôt. I should be back in a few weeks. See you soon.

À demain - À samedi - À la semaine prochaine

Meaning: See you tomorrow - See you next Saturday - See you next week

— Je dois partir mais je te verrai demain matin. À demain. I have to leave but I'll see you tomorrow morning. See you tomorrow.

À la prochaine

Meaning: Until next time

— Merci pour tout. À la prochaine. Thank you for everything. Until next time.

À tout à l'heure

Meaning: See you later (today)

— Je devrais être de retour dans quelques heures. À tout à l'heure. I should be back in a few hours. See you later.

À toute (familiar)

Meaning: See ya

— Je suis déjà en retard, je dois partir. À toute. I'm already late, I have to leave. See ya.

À tantôt (Belgium)

Meaning: See you later

— On arrivera aux alentours de 19 heures. À tantôt. We will arrive around 7 p.m. See you later.

À tout de suite

Meaning: See you in a minute

— Je m'arrête pour acheter du jus d'orange et je suis là. À tout de suite. I stop to buy orange juice and I'm there. See you in a minute.

À plus tard

Meaning: See you later

— C'était chouette de parler avec toi mais je dois me remettre en route. À plus tard. It was nice talking to you, but I have to get back on my way. See you later.

À+ (familiar)

Meaning: See you later

— À+ tout le monde. See you later everyone.

Adieu

Meaning: Farewell - Goodbye

— J'ai dit adieu à mon oncle ce matin. On ne pense pas qu'il passera la nuit. I said goodbye to my uncle this morning. They don't think he'll make it through the night.

Bonne journée - Bonne soirée

Meaning: Have a good day - Have a good evening

— Merci beaucoup, bonne journée. Thank you very much, have a good day.

Ciao

Meaning: Bye

— Je dois filer. Ciao. I have to go. Bye.

Je m'en vais

Meaning: I am leaving

— Tu viens me dire au revoir, je m'en vais. You come to say goodbye to me, I'm leaving.

Je me casse - Je me tire (familiar)

Meaning: I am out

— J'en ai assez, je me tire. I've had enough, I'm out.

Salut (familiar)

Meaning: Bye

— Salut, à la semaine prochaine. Bye, see you next week.

CHAPTER 25
Différentes façons de dire DE RIEN
Other ways to say "You are welcome"

AUDIO 25.1. 🔊

De rien
Meaning: You are welcome
- Merci beaucoup pour ton aide. Thank you very much for your help.
- De rien. You are welcome.

C'est moi
Meaning: It's me
- Je n'aurais jamais réussi sans toi. I would never have succeeded without you.
- C'est moi, ça m'a fait plaisir. It's me, it made me happy.

C'est moi que te remercie - qui vous remercie
Meaning: No need to thank me
- Merci pour la bouteille de vin. Thanks for the bottle of wine.
- C'est moi qui te remercie, le repas était délicieux. No need to thank me, the meal was delicious.

Ça ne fait rien
Meaning: That's ok
- Je ne pourrais jamais te remercier assez pour ton aide. I could never thank you enough for your help.
- Ça ne fait rien. That's ok.

Ce n'est rien
Meaning: It's nothing
- Il est tellement reconnaissant que tu lui aies donné un travail. He is so grateful that you gave him a job.
- Ce n'est rien. Il travaille très bien de toute façon. It's nothing. He works really well anyway.

Il n'y a pas de quoi - Pas de quoi
Meaning: You are welcome
- Merci d'avoir vérifié la pression de mes pneus. Thanks for checking my tire pressure.
- Pas de quoi. You are welcome.

Je t'en prie - Je vous en prie
Meaning: You are welcome
- Merci, le service était impeccable. Thank you, the service was impeccable.
- Je vous en prie. You are welcome.

Pas de soucis

Meaning: No worries

- C'est gentil à toi de lui avoir apporté un nouveau jeu. It's nice of you to bring him a new game.
- Pas de soucis. No worries.

T'inquiète (Familiar)

Meaning: No worries

- Est-ce que je peux te payer pour la réparation ? Can I pay you for the repair?
- T'inquiète. No worries.

Tout le plaisir est pour moi

Meaning: My pleasure

- Elle m'a dit de te dire merci pour les meubles que tu lui as donnés. She told me to say thank you for the furniture you gave her.
- Tout le plaisir est pour moi. My pleasure.

CHAPTER 26
French Filler Words

Allez quoi !

Meaning: Come on!

- Le propriétaire n'a pas accepté ton offre. The owner didn't accept your offer.

- Allez quoi ! Come on!

Alors - Et alors ?

Meaning: Then - And then - So?

- Il m'a demandé pour aller boire un verre. He asked me for a drink.

- Et alors ? Tu as dit oui ? And then? Did you say yes?

Bein oui - Bein non (familiar)

Meaning: Well yes - Well no

—— Bein oui, ça arrive à tout le monde ! Well yes, that can happen to anyone!

Bon

Meaning: Ok - Alright

—— Bon, il est temps de recommencer à travailler. Alright, time to get back to work.

Bref

Meaning: In short

—— J'ai vu Claudio, Ahmed, Pascal, Suzie… Bref, il y avait tout le monde. I saw Claudio, Ahmed, Pascal, Suzie… In short, everyone was there.

Eh bien - Eh ben (familiar)

Meaning: Well

—— Eh ben, tu as bien réussi dans la vie. Well, you did well in life.

En fait

Meaning: Actually - In fact

—— En fait, il n'est jamais venu. Il m'a posé un lapin. In fact, he never came. He stood me up.

Enfin

Meaning: Well

—— Enfin, tout est bien qui finit bien. Well, all's well that ends well

(m')Enfin quoi

Meaning: Come on

—— Tu as mangé tous mes biscuits ? M'enfin quoi ! You ate all my cookies? Come on!

Euh

Meaning: Uh

— Euh ... je n'ai jamais reçu ton message. Uh ... I never got your message.

Genre

Meaning: Like

— Genre, il est parti sans raison ? Juste comme ça ? Like, he left for no reason? Just like that?

Hein ? (familiar)

Meaning: Right? - Eh? - Sorry?

— Hein ? Je n'ai pas entendu ce que tu as dit. Sorry? I didn't hear what you said.

— Il était temps, hein ? It was about time, right?

Quand même !

Meaning: Really?

- On a payé 2.000 dollars pour ce voyage. We paid $2,000 for this trip.
- Quand même ! Really?

Quoi

Meaning: Right

— Tu vois ce que je veux dire quoi. You know what I mean right?

Tu vois

Meaning: You see

— Si on change ce paramètre, le document est mieux organisé, tu vois ? If we change this parameter, the document is better organized, you see?

Voilà

Meaning: Here - So - Here you go

— Voilà, tu as tout compris. Here you go, you got it all figured out.

Solutions

EX. 1.1

Cette chanteuse a une voix incroyable, elle a du coffre.

C'est difficile d'être productif quand on a du plomb dans l'aile.

Tu ne trouves pas qu'il a du charme ?

Il a du pot d'avoir gagné à la loterie.

Cet auteur a plus de 20 livres à son actif.

EX. 1.2

1. Elle **a le trac** avant de monter sur scène.
2. Est-ce que vous **avez l'heure** ?
3. Dis-moi, où est-ce que tu **as mal** ?
4. On **a honte de** là où on vit.
5. Ma sœur **a la trouille** du noir.
6. J'**ai mauvaise conscience** car j'aurais pu l'aider plus.
7. Est-ce que tu **as l'intention de** finir tes frites ?
8. J'**ai l'habitude** de partir à 7 heures. Il est déjà trop tard.
9. Ce concert **a lieu** tous les premiers dimanches du mois.
10. J'**ai horreur** des gens qui parlent sur le dos des autres.

EX. 1.3

1. Je n'arrive pas à trouver la réponse, j'**ai un trou de mémoire**.
2. Tu penses que tu **as une idée de génie** mais je ne pense pas que ça va fonctionner.
3. Ma mère **a peur** qu'il m'arrive quelque chose.
4. Il est temps que ça change, on **en a ras-le-bol**.
5. Est-ce qu'on peut rentrer à la maison ? Il est tard et j'**ai sommeil**.

EX. 1.4

1. J'ai 34 ans.
2. J'ai de la chance de manger tous les jours.
3. J'ai envie de partir en vacances.
4. J'ai horreur des films d'horreur.
5. J'ai la trouille de tomber malade.
6. J'en ai assez de rester à la maison.
7. J'ai l'habitude de me promener 3 fois par jour.

EX. 2.1

Ça m'est égal que tu ne sois pas d'accord.

Tu es au courant que les horaires ont changé ?

Il a eu le contrat, c'est dans la poche !

On est à court de sucre.

Ce n'est pas la mer à boire de passer son permis de conduire.

EX. 2.2

1. Il est heureux - **Il est aux anges**.
2. Il est dans ses pensées - **Il est dans la lune**.
3. Il ne sait pas quoi dire - **Il est bouche bée - sans voix**.
4. Il vient d'arriver à la maison - **Il est bien rentré**.
5. Il a confiance en lui - **Il est bien dans sa peau**.

EX.2.3

1. J'ai du mal à me concentrer. Je **suis toujours dans les nuages**.
2. Est-ce que tu **es du sud** ou du nord de la France ?
3. Quelqu'un **est de bonne humeur** aujourd'hui !
4. Pourquoi est-ce que tu **es de mauvaise humeur** ? Tu as mal dormi ?
5. On **sera de retour** aux alentours de vingt heures.
6. Les vendeurs **sont débordés** pendant la période de Noël.
7. Le patient **est en avance**.
8. La voiture **est en panne**, elle ne démarre plus.
9. On **est en route**, on arrivera dans quelques heures.
10. On a hâte d'**être en vacances**. On part dans quelques semaines.

EX. 2.4

1. Les élèves sont obligés de rester à l'école jusque 16 heures.
   Students are obliged to stay in school until 4 p.m.
2. J'étais mort de rire quand il m'a raconté cette blague.
   I was dying of laughter when he told me this joke.
3. Notre fils est né en bonne santé.
   Our son was born healthy.
4. Mes parents mangent toujours à midi. Ils sont réglés comme du papier à musique.
   My parents always eat lunch. They're tuned like clockwork.
5. Ce puzzle est simple comme bonjour !
   This puzzle is easy peasy!

EX. 2.5

1. Il a tout perdu, il **est sur la paille**.
2. Tous les invités **sont tirés à quatre épingles**.
3. Est-ce que vous **êtes sûrs et certains** de ce que vous avez vu ?
4. Il a encore 3 ans d'études avant de devenir docteur. Il **n'est pas sorti de l'auberge** !
5. Elles ont un alibi, elles **n'y sont pour rien**.

EX. 2.6

1. V - Je suis souvent dans la lune.
2. V - Je suis bien dans ma peau.
3. F - Je suis dans la galère.
4. F - Ma voiture est en panne.
5. F - Je suis en forme.
6. V - Je suis de bonne humeur.
7. V - Je suis mauvais(e) perdant(e).
8. F - Je suis sur mon 31.
9. F - Je suis sur la paille.
10. F - Je suis sage comme une image.

EX. 3.1

1. Aller à la rencontre de quelqu'un
2. Aller à pied
3. Aller à vélo
4. Aller chercher
5. Allons-y !
6. S'en aller

EX. 3.2

1. Ce pull et ce pantalon vont **bien ensemble**.
2. Tu vas trop vite. Il ne faut pas aller plus vite que **la musique**.
3. Ce compliment me va droit **au cœur**.
4. Est-ce que tout le monde est prêt ? Oui. **Allons-y** !
5. Avec ses choix, il va aller droit dans **le mur**.

EX. 4.1

On devrait partir, on a à faire cet après-midi.
Tu le connais, il en fait toujours à sa guise.
Fais attention, la marche de l'escalier est cassée.
La nouvelle a fait boule de neige en quelques jours.
Tu peux conduire ma voiture, je te fais confiance.

EX. 4.2

1. Faire d'une pierre deux coups
2. Faire du sport
3. Faire du chemin
4. Faire exprès de
5. Faire du 40

EX. 4.3

1. C'est nécessaire de **faire face** à ses problèmes.
2. On **a fait la file** pendant des heures au supermarché.
3. Est-ce que tu es assez souple pour **faire le grand écart** ?
4. Ce chien est adorable, elle **fait la belle** quand elle me voit.
5. Arrête de **faire l'enfant** et grandis un peu !

EX. 4.4

1. Elle a appris à faire le **poirier** au cours de gymnastique.
2. On doit **faire** la lessive, on n'a plus rien à se mettre.
3. Il fait toujours les **400** coups.
4. Le chien fait le **mort** pour ne pas aller prendre un bain.
5. C'est cher de faire le plein de nos jours.
6. Je dois aller faire les **courses** avant de rentrer.
7. Il fait mine de ne pas t'entendre.
8. C'est trop tard, on ne peut pas faire machine **arrière**.
9. Tu m'as fait **peur**, je ne savais pas que tu étais là.
10. Il fait les **cent** pas dans son bureau.

EX. 4.5

1. Il a essayé de faire porter le chapeau à son associé.
2. Je ferai tes devoirs de bon cœur si tu as besoin.
3. Les enfants font semblant de dormir.
4. Elle doit faire ses preuves avant de recevoir son augmentation.
5. On doit faire nos valises ce soir.

EX. 4.6

1. C'est dans nos plans de **faire un voyage** cet été.
2. On **a fait une promenade** autour du lac avant de rentrer.
3. Le vendeur **a fait un geste** et a offert une réduction.
4. Est-ce que tu veux **faire une partie** de carte ?
5. Cette boisson va **faire un malheur** cet été !
6. Il a plongé mais il **a fait un plat**.
7. Est-ce que tu as vu qu'elle t'**a fait un clin d'œil** ?
8. J'ai raté mon permis de conduire car je n'ai pas réussi à **faire un créneau**.
9. Est-ce que c'est clair ou il faut te **faire un dessin** ?
10. Il **a fait une gaffe** mais il ne s'en est pas rendu compte.

EX. 4.7

1. V - Ne faire ni chaud ni froid - I couldn't care less
2. V - S'en faire - To worry
3. F - Se faire chier - To go to the bathroom
4. F - Se faire de la bile - To make yourself money
5. F - Se faire des films - To watch a movie
6. F - Se faire du mauvais sang - To get yourself bad blood
7. V - Se faire avoir - To get taken advantage of
8. V - Se faire plaisir - To please yourself
9. F - Se faire remonter les bretelles - To put back your pants
10. V - Se faire une raison - To make up your mind

EX. 4.8

J'aime - faire du sport - faire du shopping - faire la lessive - faire le pont - faire mes valises
Je n'aime pas - faire des histoires - faire le jardin - faire régime - faire la file - faire une scène

———

EX. 5.1

1. Est-ce que tu peux mettre **la table** ?
2. C'est ce qu'ils ont trouvé qu'il l'a mis **en cause**.
3. Elle aime beaucoup cette couleur. Elle dit que cela met tes yeux **en valeur**.
4. Je dois finir ce projet. Peut-être que je devrais mettre les **bouchées doubles**.
5. Je ne mets jamais la télévision le soir mais parfois je mets **la radio**.

EX. 5.2

1. Cela ne sert à rien de **mettre** ses employés **sous pression**.
2. Il était tellement gêné, il **ne savait pas où se mettre**.
3. Tu as eu le temps de faire des recherches et **te mettre dans le bain** ?
4. **Mettez-vous à l'aise**, le directeur sera là dans une minute.
5. Je **mettrais ma tête à couper** qu'il ne m'a jamais trompé.

EX. 5.3

1. Je ne mettrais pas ma **main** au feu !
2. Cette découverte **met en doute** 10 ans de recherches scientifiques.
3. Cela va mettre le feu aux **poudres**.
4. Il est temps de mettre les points sur les **i**.
5. Est-ce que tu essayé de mettre les choses **à plat** ?
6. Ne me dis pas que tu n'**as** rien à te mettre.
7. C'est bien de remettre les **pendules** à l'heure de temps en temps.
8. On n'a pas beaucoup le temps de **se** mettre à l'aise. Notre avion part dans deux heures.
9. Il faut toujours se mettre dans **la peau** de quelqu'un d'autre pour comprendre.
10. Ma mère se mettait toujours en **quatre** pour nous.

———

EX. 6.1

1. C'est à prendre ou à laisser - **Take it or leave it**
2. Bien s'y prendre - **To do something well**
3. Prendre au mot - **To take someone at their word**
4. Prendre au sérieux - **To take seriously**
5. Prendre connaissance de - **To study something - To examine something - To be aware of something**
6. Prendre de haut - **To look down on someone**
7. Prendre de l'âge - **To get old**
8. Prendre des risques - **To take chances**
9. Prendre du poids - **To gain weight**
10. Prendre feu - **To catch on fire**

EX. 6.2

1. Je ne me sens pas bien, je vais **prendre l'air**.
2. Il **a pris les devants** et a commencé à emballer ses affaires.
3. Si tu n'es pas content tu peux **prendre la porte**.
4. Elles **ont pris la route** hier soir, elles devraient arriver bientôt.
5. Il n'est nulle part, je pense qu'il **a pris la tangente**.

EX. 6.3

1. Faire ses valises - **Prendre ses cliques et ses claques**
2. Aider quelqu'un - **Prendre sous son aile**
3. Se laver - **Prendre un bain - une douche**
4. Décider - **Prendre une décision**
5. Tomber - **Se prendre une gamelle**

EX. 6.4

1. **Prendre** des mesures draconiennes
2. **Se prendre** un savon
3. **Prendre** garde
4. **Se prendre** pour la huitième merveille du monde
5. **Prendre** le train en marche
6. **Se prendre** pour le nombril du monde
7. **Prendre** la poudre d'escampette
8. **Se prendre** un râteau
9. **Prendre** à la gorge
10. **Se prendre** une gamelle

EX. 7.1

1. Il **fait de l'œil** à toutes les femmes qui lui donnent un peu d'attention.
2. Il est triste car elle lui **a posé un lapin**.
3. J'**ai fait une touche** avec le serveur, je pense.

EX. 7.2

1. Tu as eu un coup de foudre ?
2. Je ne suis plus un cœur à prendre.
3. Arrête de faire les yeux doux à la voisine.
4. Mon mari me rend heureuse.
5. Il est tombé dans les bras d'une touriste.

EX. 8.1

1. Avoir l'estomac dans les talons
2. Avoir la gueule de bois
3. Avoir les crocs
4. Avoir un petit creux
5. De la piquette

EX. 8.2

1. Il est difficile, il fait toujours la fine **bouche**.
2. Tu sais ce qu'on dit, l'appétit **vient** en mangeant.
3. Il est possible de manger à l'**œil** dans certains refuges.
4. Tu manges beaucoup ! Tu manges comme **quatre** !
5. Essaye de ne pas manger comme un cochon vu que tu portes une chemise blanche.
6. On n'a pas beaucoup de temps, on va manger sur le **pouce**.

7. J'ai oublié de faire les courses et je n'ai rien à me mettre sous la **dent**.
8. On va prendre un **pot**, tu veux venir ?
9. C'est de la piquette ce vin !
10. **Se** mettre au régime n'est pas toujours la solution.

EX. 8.3
1. Avoir faim - **Avoir la dalle**
2. Avoir un petit peu faim - **Avoir un petit creux**
3. Avoir très faim - **Avoir une faim de loup**
4. Boire beaucoup - **Boire comme un trou**
5. Manger gratuitement - **Manger à l'œil**
6. Manger vite - **Manger sur le pouce**
7. Boire quelque chose - **Prendre un verre**
8. Boire beaucoup trop - **Se prendre une biture**

_____

EX. 9.1
1. Il **fait un temps de chien** depuis quelques semaines. On a hâte d'être en été !
2. Je suis certaine que cela ira mieux bientôt. **Après la pluie, le beau temps** !
3. Tu **n'as pas froid** ? Ton pull n'est pas épais.
4. On est seulement le vingt-cinq avril. **En avril, ne te découvre pas d'un fil** !
5. J'**ai chaud**, la climatisation est en panne.
6. Il **pleut des cordes**, c'est bon pour les plantes !
7. Mais dans quelques jours, on pourra dire "**en mai, fais ce qu'il te plaît**".
8. On s'est fait avoir par la pluie, on **est trempés comme une soupe**.
9. Il va **faire un froid de canard** ce week-end, jusqu'à -20 degrés.
10. Il **fait un soleil de plomb** depuis ce matin. On ne peut pas sortir.

_____

EX. 10.1
1. J'aimerais **avoir du blé**. J'en ai marre de ne pas avoir d'argent.
2. Ce pullover **coûte bonbon**, presque 1000 dollars !
3. Tu as demandé au vendeur de te **faire un prix** ?
4. **Faire la manche** est parfois la seule solution pour les sans-abris.
5. Quand on va au restaurant, en général on **fait moit moit**.

EX. 10.2
1. Il ne **gagne** pas plus que des cacahuètes.
2. Acheter une voiture neuve c'est comme **jeter** l'argent par les fenêtres.
3. Je rembourse toujours mes amis. Les bons comptes **font** les bons amis.
4. Son nouveau travail **met** du beurre dans les épinards.
5. Il n'**a** pas un radis depuis qu'il a perdu son travail.
6. Je roulais trop vite et évidemment j'**ai pris** une prune.
7. N'oublie pas, qui **paye** ses dettes s'enrichit !
8. On a trop bu au restaurant. On **a reçu** une note salée à la fin du repas !
9. De moins en moins de gens **roulent** sur l'or de nos jours.
10. Tu **veux** le beurre et l'argent du beurre mais il faut travailler pour gagner de l'argent !

EX. 10.3
Ce téléphone coûte un bras mais sa caméra est incroyable !
Évite d'acheter des cafés en allant au travail, il n'y a pas de petites économies.
Je n'ai pas le temps, le temps c'est de l'argent.
On se serre la ceinture pour acheter une maison l'année prochaine.
Cet homme est millionnaire, il est riche comme crésus.

_____

EX. 11.1

1. **Être** à l'heure
2. **Prendre** fin
3. **Être** à la bourre
4. **Prendre** le temps de
5. **Être** pressé(e)
6. **Mettre** (du temps) à faire quelque chose
7. **Prendre** du bon temps
8. **Être** en retard
9. **Mettre** du temps
10. **Prendre** son temps

EX. 11.2

1. Ce magasin est ouvert **24 heures sur 24 / 7 jours sur 7**.
2. Il est parti du **jour au lendemain** et on ne l'a jamais revu.
3. Dépêche-toi, **le temps c'est de l'argent**.
4. **Il y a** une semaine que ma voiture est en panne.
5. Ma vie est ennuyante, c'est **métro boulot dodo.**

_____

EX. 12.1

1. **Mettre** à (la) disposition (de)
2. **Avoir** du pain sur la planche
3. **Mettre** la clef sous la porte
4. **Bosser** comme un âne
5. **Être** à la page
6. **Mettre** à la porte
7. **Mettre** au placard
8. **Travailler** d'arrache-pied
9. **Faire** grève
10. **Mettre** à jour

EX. 12.2

1. Est-ce que vous êtes à jour dans votre travail ?
   Oui, je suis à jour dans mon travail.
2. Est-ce que vous travaillez dur ?
   Oui, je travaille dur.
3. Est-ce que vous avez pris votre journée récemment ?
   Oui, j'ai pris ma journée dimanche dernier.
4. Est-ce que vous avez le bras long ?
   Non, je n'ai pas le bras long.

_____

EX. 13.1

1. Elle n'arrête pas de bailler. Je pense qu'elle **a sommeil**.
2. On **a passé une nuit blanche** pour étudier.
3. Tu devrais aller au lit au lieu de te tracasser. **La nuit porte conseil.**
4. Depuis qu'ils ont été cambriolés, il **ne dort que d'un œil**.
5. J'ai des insomnies depuis plusieurs années. J'aimerais avoir une conversation avec **le marchand de sable**.
6. Boire du café quand on **a un coup de pompe** n'est pas très utile.
7. Il n'y a rien de mieux que de **dormir à la belle étoile** quand il fait beau.
8. Impossible de le réveiller. Il **dort comme un bébé**.
9. Je n'ai pas entendu l'orage, je **dormais sur mes deux oreilles**.
10. Il a l'air exténué. **Il dort debout.**

EX. 13.2

Avant, j'avais le sommeil lourd, maintenant j'ai le sommeil léger. J'aime faire la grasse matinée mais le plus souvent je compte les moutons.

EX. 14.1

1. Il est en forme - **Il a la pêche**
2. Elle est enceinte - **Elle a un Polichinelle dans le tiroir**
3. Il ne se sent pas bien - **Il n'est pas dans son assiette**
4. Il est décédé - **Il a passé l'arme à gauche**
5. Elle ne se sent pas bien en bateau - **Elle a le mal de mer**

EX. 14.2

J'ai mal au bras depuis mon opération.
Prendre des vitamines devrait t'aider à reprendre du poil de la bête.
Elle a vu son ex-mari, il se porte comme un charme.
Fais du sport sinon tu ne feras pas de vieux os.
Les employés sont au bout du rouleau, ils sont tous prêts à démissionner.

EX. 15.1

1. Ce n'est pas facile - **C'est du gâteau**
2. Ralentir - **Appuyer sur le champignon**
3. Compter pour beaucoup - **Compter pour des prunes - du beurre**
4. Quelque chose que j'adore - **Ce n'est pas ma tasse de thé**
5. Ne pas être chanceux - **Avoir le cul bordé de nouilles**

EX. 15.2

1. Il faut mettre du **piment** dans sa vie de temps en temps.
2. La **pomme** ne tombe pas loin de l'arbre.
3. On n'a rien trouvé. On a fait **chou blanc**.
4. Il me raconte toujours des **salades**. Je ne sais pas si je peux lui faire confiance.
5. Elle est tombée dans les **pommes** car elle n'a rien mangé ce matin.
6. J'ai fait une **boulette**, je ne sais pas quoi faire !
7. Il n'y a plus rien à faire. Les carottes sont **cuites**.
8. Tu vas prendre **le melon** si tu continues comme ça.
9. Les personnes âgées se font souvent rouler dans **la farine**.
10. Occupe-toi de tes **oignons** et laisse-moi tranquille.

EX. 15.3

1. F - Vous avez déjà eu un œil au beurre noir.
2. V - Vous êtes aux petits oignons pour votre partenaire / ami / famille.
3. V - Vous avez fait une boulette récemment.
4. F - Vous racontez parfois des salades.
5. V - Vous êtes soupe au lait.
6. F - Ça vous ennuie de faire le poireau.
7. F - Vous savez mettre de l'eau dans votre vin.
8. / - Votre apprentissage du français porte ses fruits.
9. F - Vous savez sabler le champagne.
10. F - Vous êtes déjà tombé dans les pommes.

EX. 16.1

1. Il est maladroit, il a deux **mains gauches**.
2. Tu es trop gentille. Tu as toujours le cœur sur **la main**.
3. Tu n'as pas remarqué ? Il a un cheveu sur **la langue**.
4. Tu me casses **les pieds** !

EX. 16.2

1. **Être** à deux doigts de
2. **Faire** ses dents
3. **Être** bête comme ses pieds
4. **Être** comme cul et chemise
5. **Faire** des pieds et des mains
6. **Faire** les gros yeux à quelqu'un
7. **Être** dur(e) d'oreille
8. **Être** né(e) avec une cuillère en argent dans la bouche
9. **Faire** froid dans le dos
10. **Faire** quelque chose les doigts dans le nez

EX. 16.3

1. **Motus et bouche cousue**, je ne le dirai à personne.
2. Cela devrait lui **mettre la puce à l'oreille** mais non.
3. Si tu veux que ça aille plus vite, viens **mettre la main à la pâte**.
4. Est-ce que tu peux **jeter un coup d'œil** à mon ordinateur ?
5. Ils **ont mis sur pied** un marathon en seulement quelques mois.

EX. 16.4

1. Je ne sais jamais sur quel **pied** danser avec lui.
2. Il lui a pris la **tête** pour des histoires stupides.
3. Elle va encore prendre ses **jambes** à son cou comme d'habitude.
4. Prendre ton courage à deux **mains** et appelle-le.
5. Ça m'a sauté **aux yeux** tout de suite quand je les ai vus.
6. L'apprenti se fait **la main** sur la veille machine.
7. Je me suis fait tirer **l'oreille** par mon institutrice.
8. Tu te mets **le doigt** dans l'œil si tu penses qu'il va te rembourser.
9. Arrête de lui tenir la **jambe** tout le temps comme ça.
10. Elle est tombée sur **le cul** quand elle a appris qu'il était marié.

EX. 16.5

Rien que d'y penser, ça me fait froid dans le dos.
Il se creuse la tête mais il ne trouve pas la réponse.
Arrête de casser du sucre sur le dos des voisins.
Mon petit doigt me dit que tu n'as pas fini tes devoirs.
Mes parents sont comme cul et chemise, ils sont toujours ensemble.

EX. 17.1

1. Il faut appeler un **chat** un **chat**.
2. Ils ont toujours été comme **chien** et **chat**.
3. Est-ce que tu as un verre d'eau ? J'ai un **chat** dans la gorge.
4. Je dois y aller, j'ai d'autres **chats** à fouetter.
5. Cette femme a du **chien** !
6. Il n'est pas facile, il a un caractère de **chien**.
7. Tu donnes ta langue au **chat** ?

EX. 17.2

1. Arrête de **faire le singe** et reste tranquille.
2. Est-ce que tu es certain qu'on est à la bonne adresse ? **Il n'y a pas un chat**.
3. Cette voiture coute plus de 100.000 dollars. - **La vache** !
4. Tu **as mangé du lion** ce matin ? Quelle énergie !
5. Il **est monté sur ses grands chevaux** en quelques minutes.
6. Ça va être difficile de **noyer le poisson**.
7. Mon français n'est pas terrible. Je **parle français comme une vache espagnole**.
8. Tu es susceptible, tu **prends la mouche** à chaque fois.
9. On achètera une maison quand les **poules auront des dents**.
10. C'est un bon client. Fais attention de ne pas **tuer la poule aux œufs d'or**.

EX. 17.3

1. Tu as la chair de poule, tu as froid ?
2. J'ai le cafard depuis quelques jours.
3. J'ai vu ce film mais ça ne casse pas trois pattes à un canard.
4. Ils n'arrêtent pas de se disputer, il y a anguille sous roche.
5. Ne mets pas la charrue avant les bœufs.

_____

EX. 18.1

1. Être bon jardinier - **Avoir la main verte**
2. Être effrayé(e) - **Avoir une peur bleue**
3. Être de mauvaise humeur - **Broyer du noir**
4. Être innocent(e) - **Être blanc(he) comme neige**
5. Avoir des problèmes d'argent - **Être dans le rouge**
6. Être romantique - **Être fleur bleue**
7. Avoir le visage rouge - **Être rouge comme une tomate**
8. Ne pas être heureux(se) - **Faire grise mine**
9. Se tracasser - **Se faire des cheveux blancs**
10. Aller à la campagne - **Se mettre au vert**

_____

EX. 19.1

1. Elle me donne mal à la tête, elle **chante comme une casserole**.
2. La nouvelle lui **a cloué le bec**, il ne savait plus quoi dire.
3. Il revient là-dessus **à tout bout de chant**.
4. Le policier **est arrivé en courant** mais les voleurs étaient déjà partis.
5. Les vagues sont trop fortes aujourd'hui, je n'ai pas envie de **boire la tasse**.
6. Elle a choisi **au pif** mais elle a trouvé la bonne réponse.
7. La réponse est simple. Il ne faut pas **chercher midi à quatorze heures**.
8. Tu vas au concert samedi ? - **Ça tombe bien**, moi aussi !
9. **Au cas où** vous arriveriez en retard, je vais laisser une clé sous le paillasson.
10. Mon collègue a démissionné. **Bon débarras**, il était toujours de mauvaise humeur.

EX. 19.2

1. Il conduit à **tombeau** ouvert. Il va avoir des problèmes.
2. Tu connais la **musique**, je n'ai pas besoin de t'expliquer.
3. Le gouvernement a réussi à augmenter les taxes, contre vents et **marées**.
4. Elle se coupe toujours les cheveux en **4** pour toi.
5. Est-ce qu'ils ont découvert le **pot** aux roses ou ils ne savent toujours pas ?
6. Je lui ai dit ses **4** vérités mais j'aurais peut-être dû m'abstenir.
7. Le gérant du magasin a donné le feu vert pour les nouveaux horaires.
8. Je ne savais pas, ça m'en bouche un **coin** !
9. Les voleurs ont filé à **l'anglaise**.
10. Garde à **l'esprit** que tout projet prend du temps.

EX. 19.3

1. Ne jette pas l'**éponge** trop vite. Il faut travailler pour réussir.
2. Tu penses que le jeu en vaut la **chandelle** ?
3. Elle mène son mari à la **baguette** depuis toujours.
4. Cet homme qui porte de vieux vêtements ? Il est avocat. Il ne faut pas juger un livre par sa **couverture**.
5. L'annonce de sa retraire est passée comme une **lettre** à la poste.

EX. 19.4

1. Il est parti ? - **Tant mieux**. J'en avais marre de l'entendre.
2. Elle **se fringue** toujours bizarrement. Je ne sais pas où elle achète ses habits.
3. **Quel dommage** qu'elle ne soit pas là avec nous.
4. Il **sort de ses gonds** facilement. Il a mauvais caractère.
5. Il **a répondu du tac au tac** quand je lui ai posé la question. Je ne pense pas que c'est lui.

EX. 19.5

Acheter des choses tombées du camion est illégal.
On est tombés d'accord sur le prix de la voiture.
Touche du bois si tu es superstitieux.
Ce puzzle est un jeu d'enfant.
Il voit un psychologue, cela lui permet de vider son sac.

EX. 19.6

1. Tu la vois cet après-midi ? Ça tombe **bien**, tu peux lui donner ça pour moi ?
2. Ça lui a cloué **le bec** quand il a appris que son ami ne l'avait pas invité.
3. C'est malpoli de couper la **parole** à quelqu'un.
4. Il file du mauvais **coton** depuis quelques temps.
5. J'en reviens pas que tu sortes avec lui !
6. Laisse **tomber**, tu ne comprends pas.
7. On ne sait **jamais**, peut-être qu'il veut venir ?
8. Il se retournerait dans **sa tombe** s'il savait !
9. Le projet est tombé à l'**eau**. Il n'y avait pas assez d'argent.
10. Je dois passer un coup de **ficelle** avant de partir.

Glossary

195

Thank you

Thank you for choosing my work and for supporting me. It means the world to a small teacher trying to make French easier.

If you enjoyed this book, please take a minute to leave a review. I would be incredibly grateful.

Feel free to contact me on my social media:
YouTube: https://www.youtube.com/c/ThepcrfectfrenchwithDylane
Instagram: https://www.instagram.com/theperfectfrenchwithdylane/
Facebook: https://www.facebook.com/groups/theperfectfrenchwithdylane

I try to reply to comments and messages every day.

Are you feeling lost learning French?

I put together a free Self-study guide for you. All you need to do is to follow the lessons and enjoy the learning experience. You can get it here: www.theperfectfrench.com/freebies

From the same author

The Complete French Pronunciation Course
The Complete French Grammar Course
The Complete French Conjugation Course
The Complete French Vocabulary Course

Passé Composé vs Imparfait - Textbook

1000 Most Common French Words
500 Most Common French Verbs
The Little Dictionary of Word Families

Coming soon:
The Subjunctive - Textbook
French prepositions & Pronouns - Textbook
Gender and Number - Textbook

Practice French Everyday - 365 Days of French Exercises

Made in the USA
Las Vegas, NV
07 November 2024

11308596R00116